大学生公众演讲艺术的自我效能培养研究

孙贺 著

中国纺织出版社有限公司

内 容 提 要

语言表达能力是影响人一生最重要的能力之一，而公众演讲能力是体现语言表达能力最主要的形式。具备较强的公众演讲能力，对于个人的成长和发展具有重要意义。大学生是高知识群体，本应具备比较强的语言表达能力，但调查发现，现今大学生语言表达能力特别是公众演讲能力明显不足，其中公众演讲焦虑成为制约大学生提高公众演讲能力的主要障碍。

本书运用班杜拉的自我效能理论，构建了一个培养和提升公众演讲自我效能的理论分析框架，即培养和提升公众演讲自我效能最有效的途径是获取亲历的公众演讲掌握性经验和有效控制公众演讲焦虑，采用定量和准实验的研究方法进行了分析验证，提出了提升公众演讲自我效能需要掌握的五项具有实践意义的基本原则。

本书适合高校专业师生及爱好者使用。

图书在版编目（CIP）数据

大学生公众演讲艺术的自我效能培养研究／孙贺著. -- 北京：中国纺织出版社有限公司，2020.9（2025.1 重印）
ISBN 978-7-5180-7592-8

Ⅰ.①大… Ⅱ.①孙… Ⅲ.①大学生－演讲－语言艺术－能力培养－研究 Ⅳ.① H019

中国版本图书馆 CIP 数据核字（2020）第 121465 号

策划编辑：华长印　　责任编辑：阚媛媛
责任校对：寇晨晨　　责任印制：何　建

中国纺织出版社有限公司出版发行
地址：北京市朝阳区百子湾东里 A407 号楼　邮政编码：100124
销售电话：010—67004422　传真：010—87155801
http://www.c-textilep.com
中国纺织出版社天猫旗舰店
官方微博 http://weibo.com/2119887771
永清县晔盛亚胶印有限公司印刷　各地新华书店经销
2020 年 9 月第 1 版　2025 年 1 月第 2 次印刷
开本：710×1000　1/16　印张：10.75
字数：160 千字　定价：88.00 元

凡购本书，如有缺页、倒页、脱页，由本社图书营销中心调换

前言

语言表达能力是影响人一生最重要的能力之一，而公众演讲能力是体现语言表达能力最主要的形式。具备较强的公众演讲能力，对于个人的成长发展具有重要意义。

大学生是高知识群体，本应具备比较强的语言表达能力，但调查发现，现今大学生语言表达能力特别是公众演讲能力明显不足，其中公众演讲焦虑成为制约大学生提高公众演讲能力的主要障碍。

自我效能理论是美国学者阿尔伯特·班杜拉（Albert Bandura）于20世纪80年代提出的，他将自我效能界定为关于人们对完成某个特定行为或完成产生某种结果所需行为的能力信念，是一种相当具体的能力预期，知觉到的效能影响着个体的目标选择、努力程度等，自我效能具有领域特定性。研究表明，公众演讲自我效能对公众演讲能力更具预测价值，通过提升大学生公众演讲自我效能，不仅能够有效控制公众演讲焦虑，更能够有效提高公众演讲能力。

本书聚焦于大学生公众演讲艺术的自我效能的形成与培养，旨在通过提升大学生公众演讲自我效能，达到降低大学生公众演讲焦虑、提高大学生公众演讲能力的目的。

本书的核心内容是：

第一，依据班杜拉的自我效能理论，建构了一个提升公众演讲自我效能的理论分析框架，即提升公众演讲自我效能最有效的途径是获取亲历的公众演讲掌握性经验和有效控制公众演讲焦虑。

第二，基于实践和相关理论，提出了提升公众演讲自我效能需要掌握的具体公众演讲掌握性经验：一是站在听众的角度思考自己的演讲内容；二是列出演讲提纲，不写出完整的演讲稿；三是想一个能吸引人的开头；四是讲故事或自己的亲身经历；五是演讲前深呼吸，并对自己说，"相信自己，一定行"。对为什么提出这五条原则进行了分析论证。

第三，采用非实验性定量研究和准实验研究的方法，对构建的提升公众演讲自我效能理论分析框架进行验证分析。一是随机抽样1607名大学生进行问卷调查，通过多元回归分析得出：获取亲历的公众演讲掌握性经验和控制公众演讲焦虑是公众演讲自我效能形成的主要信息来源。二是设计并实施了一项旨在培训大学生获取公众演讲掌握性经验的准实验，共组织了10个班级264名学生参与了此实验，实验结果表明：相对于对照组学生，实验组学生的公众演讲自效能显著提升；公众演讲自我效能可以有效预测公众演讲能力；公众演讲焦虑对公众演讲能力有显著的负向递减影响。实际上，通过这个准实验也充分证明，绝大多数学生通过有效的方法和路径，都能有效地提升公众演讲能力。

本书共八章。第一章主要介绍研究的问题是什么，以及研究的背景和意义。第二章主要对涉及研究问题的相关文献、理论进行评述。第三章主要对一些核心概念进行界定，并对分析框架、研究方法和研究假设进行说明。第四章主要介绍编制《公共演讲自我效能自评量表》情况，并对该量表的信效度进行检验。第五章主要结合大样本数据分析，发现影响公共演讲自我效能的主要因素。第六章主要就掌握什么样的公共演讲技巧、为什么要掌握这些演讲技巧以及如何掌握这些演讲技巧进行论述。第七章主要介绍一个公共演讲技巧的培训项目，以及结合这个项目开展的一项准实验研究，通过研究进一步明确提高公共演讲自我效能的关键影响因素。第八章主要是结合前面的研究结果，对主要研究结论进行总结，并介绍研究的贡献、研究的不足和未来的研究方向。

此外，本书在附录中摘选了一些大学生演讲的实用主题，希望本书不仅对于帮助广大学生从理论上理解如何提升公众演讲能力具有借鉴意义，而且在实际参与公众演讲实践中能发挥具体指导作用。

孙贺
2020年5月

目录

第一章　研究问题与研究背景 ··· 1

　　第一节　问题的提出 ··· 2

　　第二节　研究的背景和意义 ··· 4

第二章　文献综述与理论基础 ··· 7

　　第一节　公众演讲焦虑 ··· 7

　　第二节　公众演讲自我效能 ·· 12

　　第三节　焦虑理论 ·· 14

　　第四节　认知行为理论 ·· 17

　　第五节　自我效能理论 ·· 19

第三章　分析框架与研究设计 ·· 25

　　第一节　概念界定 ·· 25

　　第二节　分析框架 ·· 28

　　第三节　研究方法 ·· 31

　　第四节　研究假设 ·· 37

第四章　公众演讲自我效能评价问卷设计 ······································ 38

　　第一节　问卷编制 ·· 38

　　第二节　对象与方法 ·· 39

　　第三节　检验与分析 ·· 41

第五章　公众演讲自我效能影响因素分析 ······································ 43

　　第一节　计量模型及估计方法 ·· 43

　　第二节　数据采集及描述性统计 ·· 47

　　第三节　多元回归分析及检验 ·· 51

第四节　主要影响因素 ································· 55
　　第五节　初步的结论 ································· 70

第六章　掌握公众演讲技巧 ································· 72
　　第一节　公众演讲的原则 ································· 72
　　第二节　基于实践的总结 ································· 72
　　第三节　基于理论的思考 ································· 79

第七章　控制公众演讲焦虑 ································· 87
　　第一节　项目的实施 ································· 87
　　第二节　项目的成效 ································· 93
　　第三节　项目的分析 ································· 95

第八章　结论与展望 ································· 105
　　第一节　主要结论 ································· 105
　　第二节　贡献与不足 ································· 109
　　第三节　未来方向 ································· 111

参考文献 ································· 113

附录 ································· 120

后记 ································· 163

第一章 研究问题与研究背景

托马斯·霍布斯（Thomas Hobbes）在其名著《利维坦》中"论语言"部分写道："印刷术虽然是很具天才的发明，但和文字的发明比起来则相形见绌……最高贵和最有益处的发明却是语言，它是由名词或名称以及其连接所构成的。人类运用语言把自己的思想记录下来，当思想已成过去时便用语言来加以回忆；并用语言来互相宣布自己的思想，以便互相为用并互相交谈。没有语言，人类之中就不会有国家、社会、契约或和平存在，就像狮子、熊和狼之中没有这一切一样。"[1]也就是说，人类社会的形成源于语言，人类文明能够延续依靠语言。语言是人与人之间沟通交流的基础，也是一个人将自己的思想、目的、欲望、要求等信息传递给他人的根本途径。因此，语言表达能力特别是口语表达能力就成为伴随人一生最基本、最重要的能力。一个人口语表达能力如何，直接影响着他的工作事业、人际关系以及家庭生活。

自古以来，人们就非常重视口语表达能力的形成与培养。早在古希腊、古罗马时期就把具有卓越演讲才能的演说家作为人才培养的主要目标，当时的"智者学派"就以教授演讲、辩论作为一种职业，并将其所教授的内容称为雄辩术。智者学派在研究和讲学的过程中创造出了"三艺"，即文法、修辞学和辩证法。公元前390年，苏格拉底在雅典创立了第一个专门培养演讲家的教育机构——修辞学校。之后，古罗马教育家昆体良（Marcus Fabius Quintilianus）把前人的"演讲术"发展为系统的演讲理论——雄辩术，从思想道德、语言能力、知识储备、思维技巧、体态风韵等方面对雄辩家的培养提出了要求，并写下了著名的《雄辩术原理》。之后，语言表达能力的培养一直是西方教育体系的主要内容。在我国，"九流"中的"纵横家"是先秦时期活跃在外交领域的一群策辩之士，其游说、雄辩能力一时为人们所效仿。但随着汉武帝时期"罢黜百家，独尊儒术"，儒家思想成为正统，而儒家是将"德"作为人才培养的根本内容，把"行"作为人才评价的主要标准，提出了"敏于事慎于言""巧言令色鲜已仁"的主张。之后我国的教育尽管仍然非常重视人们语言表达能力的培养，但更多的是侧重于书写上，而忽视了口头表达。新中国成立后，教育界非常重视培养学生的语言表达能力，这从小学语文课程的设置和演进中就可以看出来。[2]特别是改革开放以后，随着成功学的大量引入，出现了大量围绕演讲、辩论等专门针对口语表达能力的课程和培训，人们越来越重视提高语言表达能力，特别是口语表达能力。

第一节 问题的提出

就个人成长而言，语言表达能力是一个人从出生到大学前被教育培养的最主要、最基本的能力之一。从婴儿期的牙牙学语，到义务教育阶段字词、语法的学习，再到高中阶段阅读、写作等语言能力的高级运用，我们每天都在学习和使用着我们的语言，我们的语言表达能力也在这样日复一日地学习和使用中不断提高。应该说，高中毕业生绝大多数都已具备了基本的语言表达能力，能够完成听、说、读、写的基本任务，以至于在大学之前一直是主修课程的"语文课"，在大学里也退出了作为必修课程的绝对地位。

一、大学生语言表达能力普遍欠缺

实际上，大学生语言表达能力表现却差强人意。在对长春三所理工科院校大学生母语使用状况的调研中发现，60.9%的大学生认为自己的语言应用能力不能完全达到应用要求，具体表现在运用口语和书面语阐述自我观点、传达意图、说服和辩论方面，特别是对自己的论说能力不很满意；有85.7%的大学生有提高母语能力的愿望，大学生最希望提高的母语能力依次为：口头表达能力、应用写作能力、文学文化修养、文学创作能力、语言基本功、阅读能力[3]。对湖北工业大学二至四年级学生母语使用状况进行的调查中，54.56%的学生表示不能够很顺利地表达出自己的所思所想或达到自己期望的效果，大部分学生最渴望在表达沟通能力方面得到提高[4]。

为什么从小学、中学到大学都在接受母语教育的学生，其语言表达方面的能力如此欠缺？在思考产生的原因时，我们必须要把知识和能力区分开来。根据对江苏46所高校大学生"母语素养"的调查，55.5%的非文科生认为自己口语表达能力较差，认为自己写作能力较差的更是达到了83.8%，而认为自己语文水平差的学生只有29.9%[5]。这说明学生对语言表达知识的掌握还是比较好的，但在将这些知识内化为素质并外化表现为能力方面却是比较差的。因此，当前大学生语言表达能力差的主要原因，并不是大学生对语文知识学习得不够、掌握得不好，而是在应用这些知识方面出现了问题，其语言表达能力还处于潜在未开发、未激活状态，需要通过实践和锻炼来开发、激活。

二、克服演讲焦虑是提高大学生语言表达能力的必由之路

人类口头语言表达形式主要表现在三个方面：一是交谈，二是演讲，三是辩论。这三类表现形式依次递进，越往后越需要更高的语言表达能力。就大学生而言，日常与他人进行交谈式沟通应该不成问题，口头语言表达能力欠缺主要表现在演讲和

辩论层面，其中最需要提高的是演讲能力。对青岛各高校的大学生、就业指导教师和企业人事部门人员进行的访谈及问卷调查显示，大学生存在语言表达不顺畅问题，特别是在面试环节普遍由于紧张而出现语言缺乏逻辑性和流畅性、显得思维混乱和语句不通的情况，数据统计显示，"沟通能力"（43.24%）、"适应能力"（41.42%）、"如何面试"（30.82%）三项成为应届毕业生求职前最希望掌握的技能[6]。对山西农业大学在校大学生语言表达能力的调查表明，在校大学生普遍存在演讲能力不足的问题。[7]有人对107名大一新生演讲恐惧情况进行了调查，其中认为自己有演讲恐惧的学生占到77%。[8]

可见，提高大学生演讲能力紧迫而重要。如何提高大学生的演讲能力？这就要对演讲能力以及影响演讲能力的因素进行研究。但是，我们发现，对演讲能力及影响因素开展研究是非常困难的。一方面，演讲能力的形成是一个非常复杂的过程，涉及的个人先天素质包括基因、发声生理结构和后天成长环境，包括家庭环境、学习经历、成长过程，等等。另一方面，一个人演讲能力的外化——演讲表现，也会受许多因素制约。不仅受其本身能力的影响，如思维认识、观察记忆、情绪动机、知识储备等都对演讲活动起着重要支配、调节和控制作用，还与演讲环境、准备程度等密切相关。同样一个人，面对不同的听众群体演讲同一个题目，或是面对相同的听众群体演讲不同的题目，或是虽然听众群体和题目都一样，但由于准备上的差异，其表现都会是不一样的。因此，无论从形成过程还是具体表现看，演讲能力及其影响因素都是非常复杂的，许多因素交织在一起难以分离，很难分辨出哪些起主要作用、哪些起辅助作用。

虽然对演讲能力开展全面研究比较困难，但是我们发现，对影响演讲表现的演讲焦虑问题进行研究不但可行而且非常有意义。一方面演讲焦虑是人们普遍面临的问题。每个人都不同程度地存在演讲焦虑、演讲紧张、演讲恐惧问题，如何看待这一问题以及如何对待这一问题意义非常大。另一方面克服演讲焦虑是提高演讲能力的前提。如果从"形式—内容"的角度分析演讲表现，演讲者紧张状况是"形式"，而其对问题的认识深度、表达的准确性以及对听众的吸引力则是"内容"。一个人的演讲表现受"形式"和"内容"的双重影响，其中"形式"部分是前提，一个面对演讲活动过度紧张的人是不会有很好的演讲表现的。因此，提高一个人的演讲能力的前提是帮助他克服演讲紧张的情绪。

大学生是高知识群体，能考上大学的，其语文方面的水平都不会很低。也就是说，大学生应该具备演讲所需要的素质，他们的思维能力、认知水平、知识储备等都应处于相对于其他群体来说比较好的水平。假设如果控制演讲焦虑的影响，即人们面对演讲都不紧张，大学生群体的演讲表现一定优于低知识群体的表现。那么，在不控制演讲焦虑的影响的情况下，如果大学生群体的演讲表现并不优于低知识群体的表现，就说明演讲焦虑是制约大学生将其素质潜能转化为演讲能力的关键因素。因此，帮助大学生克服演讲焦虑是提高大学生演讲能力的前提，对提升大学生公众演讲表现具有至关重要的作用。

三、克服演讲焦虑根本在于提高演讲自我效能

如何克服演讲紧张情绪？关键在于建立演讲自我效能信念，即演讲者基于自己演讲能力认知基础上的自我肯定，演讲者相信自己能够完成演讲活动且有较好的表现。对于大学生而言，决定其演讲能力"内容"方面的因素已基本定型，帮助大学生改善对自身演讲能力的认知、建立演讲自信，将最终决定大学生演讲行为的表现。

基于以上分析，本书将控制大学生公众演讲焦虑作为需要解决的问题，将大学生公众演讲自我效能信念作为具体的研究对象，通过提高大学生公众演讲自我效能信念达到克服大学生公众演讲紧张的目的，并进一步探讨大学生公众演讲自我效能信念的形成因素和提高大学生公众演讲自我效能信念水平的有效途径。

四、梳理和总结

对研究问题做一梳理和总结：
一是具备良好的口语表达能力特别是公众演讲能力非常重要。
二是大学生应该具备较好的公众演讲能力，但现实表现不佳。
三是大学生公众演讲能力表现不佳的一个主要制约因素是演讲焦虑。
四是大学生克服公众演讲焦虑的有效途径是提高公众演讲自我效能信念。

第二节　研究的背景和意义

增强大学生公众演讲自我效能信念，基础是大学生自身公众演讲能力的提升，但公众演讲自我效能感也能反作用于公众演讲能力。人们更倾向于做自己认为擅长的事情，增强一个人的公众演讲自我效能感，会使这个人有更多的意愿参与演讲活动，从而进一步锻炼和提高他的演讲能力。当前，开展"大学生公众演讲自我效能信念的形成与培养"的研究，具有重要价值和深远意义。

一、推进创新创业教育的需要

2015年5月4日，国务院办公厅下发的《关于深化高等学校创新创业教育改革的

实施意见》(以下简称《意见》)中明确指出："深化高等学校创新创业教育改革，是国家实施创新驱动发展战略、促进经济提质增效的迫切需要，是推进高等教育综合改革、促进高校毕业生更高质量创业就业的重要举措[9]。"有学者指出，《意见》的出台标志着创新创业教育上升为国家战略[10]。

创新创业教育与促进经济转型紧密相关。经过改革开放40多年的快速发展，单纯依靠资金、劳动力等要素投入的发展方式已难以为继，必须走创新驱动的经济转型的发展道路。创新中，最核心的是技术创新，其次是管理创新。创新对经济发展的促进作用体现在劳动生产率的提升，即在资金、劳动力等生产要素投入不变的情况下，通过技术创新和管理创新，实现更多的产出。技术创新根本在于有创新型的人才，而管理创新则更需要创业型人才的参与和引领。因为，人是最核心的要素。实施创新驱动发展战略、促进经济转型升级关键在于要有一支能够支撑这一战略的劳动者队伍，而大学生是这一劳动队伍中的主力军。

提高大学生语言表达能力特别是公众演讲能力是创新创业教育特别是创业教育的重要内容。创业教育最早于1984年由教科文组织在北京召开的"面向21世纪教育国际研讨会"提出的，被视为跨入21世纪的"第三本教育护照"，主要内涵是"把事业心和开拓技能教育提高到目前学术性和职业性教育护照所享有的同等地位[11]。"创业教育的目标是使学生具备创业能力，而公众演讲能力是创业能力必不可少的组成部分。无法想象，一个惧怕公众演讲、公众演讲表现低下的人能够形为一个优秀的创业者；当代最优秀的创业者，如乔布斯、比尔盖茨、马云等都是非常优秀的公众演讲者。当前，在"大众创业、万众创新"的背景下，"路演"不仅成为一个时尚的名词，也是众多创业者走向成功的必由之路。路演能否成功，公众演讲的表现是重要因素之一。因此，推进创新创业教育，必然要注重大学生公众演讲能力的培养和提升，而克服公众演讲焦虑、提高公众演讲自我效能也就成为首先需要关注的教育内容。

二、全面实施素质教育的需要

《国家中长期教育改革和发展规划纲要（2010—2020）》指出，"坚持以人为本、全面实施素质教育是教育改革发展的战略主题，是贯彻党的教育方针的时代要求，其核心是解决好培养什么人、怎样培养人的重大问题，重点是面向全体学生、促进学生全面发展，着力提高学生服务国家服务人民的社会责任感、勇于探索的创新精神和善于解决问题的实践能力[12]"。

素质教育是我国的本土概念，它最早见诸基础教育，是相对于应试教育提出的。20世纪80年代，为提高中小学生的分数，各学校普遍采用填压式的教学方法，学生考试成绩很高，但动手能力、表达能力、解决问题的能力反而很低。为此，教育界根据中央精神，开展了一系列涉及素质教育的讨论、研讨，并在中央文件中明确提出："中小学要从'应试教育'转入全面提高国民素质的轨道"[12]。20世纪90年代中期起，素质教育的提法开始向高等教育领域拓展，并最终涵盖了整个教育界。时任教育部部长周济曾指出，"素质教育是人的全面发展的教育，其基本内涵是全面贯彻党的教育方针，坚持育人为本，面向全体学生，以培养学生的创新精神和实践能力为重点，全面提高学生的思想道德素质、科学文化素质和健康素质，促进学生德智体美全面发展，培养和造就有理想、有道德、有文化、有纪律的社会主义建设者和接班人"。[14]

无论是《国家中长期教育改革和发展规划纲要（2010—2020）》所提出的"社会责任感"、"创新精神"和"实践能力"，还是时任教育部部长周济所提出的"思想道德素质、科学文化素质和健康素质"，这些素质教育的关键要素和目标都是隐性的，是隐含在学生身体之内的，最终还是需要显性的能力来体现。而在众多能力中，语言表达能力是最重要的能力之一。因为对于每一个人来说，他把内在的"信息（思想）"向外转递无外乎两种渠道：说出来或写出来。因此，全面实施素质教育离不开对学生语言表达能力的培养，而使学生能够顺畅地表达自己的思想特别是具备一定的公众演讲能力，不仅是大学生应该具有的素质，而且也是其他素质得以培养、展现的重要基础。

三、激发语言表达潜能的需要

当前，大学生语言表达能力欠佳是一个不争的共识。为什么大学生语言表达能力欠佳？是因为大学生本身语言表达能力就差，还是因为大学生本应具备良好的语言表达能力，但由于某种原因，这种能力还处在潜在的未开发状态。通过前面的讨论，特别是对江苏46所高校大学生"母语素养"的调查中可以发现，大学生对语文知识的学习和掌握并不差，但在如何将这些知识转化为能力时却出现了问题。这就说明，大学生语言表达能力还是一种潜能，需要通过一定的方式和手段去激发。

在分析大学生口头语言表达能力欠佳的原因时发现，公众演讲焦虑是影响大学生口头语言表达表现的基础性因素。由于惧怕面对多人的公众演讲，特别是在演讲过程中表现出的过度紧张，使大学生在知识层面上的优势无法得到展现。因此，如果帮助大学生克服了公众演讲焦虑，那么大学生群体在公众演讲方面会有更好的表现，潜能就会转化为其应有的能力。

尽管公众演讲焦虑是人的一种本能，但通过一定的方法是可以将其控制在合理范围之内的。根据认为行知理论，克服演讲焦虑主要有两种途径：一是降低期望值，远离演讲环境；二是形成积极面对的认知，并通过不断地实践提高公众演讲能力，适应演讲环境。只有通过第二种途径才可以实现由潜能向能力的转化。因此，提高大学生公众演讲自我效能，如自信心等，对于激发大学生公众演讲潜能至关重要。

第二章 文献综述与理论基础

本研究要解决的问题是克服大学生的公众演讲焦虑,但最终实现的途径是提高大学生的公众演讲自我效能。本章将围绕公众演讲焦虑和公众演讲自我效能这两个概念,就国内外研究现状及相关的主要理论进行分析评述。

第一节 公众演讲焦虑

关于公众演讲焦虑,国外的研究无论是从时间上、数量上,还是内容上,都比国内的研究更早、更多、更深入。通过 Eric 对题目中含有关键词"公共演讲焦虑(Public speaking anxiety)"或"避免公开演讲(Avoid public speaking)"或"害怕公开演讲(fear public speaking)"进行搜索,共查找到相关文献63篇,研究从20世纪70年代开始逐渐增多。通过知网对题目中含有关键词"演讲焦虑"或"害怕演讲"或"逃避演讲"进行搜索,共查找到相关文献36篇,最早的一篇是1996年的,21世纪初相关研究开始增多,且多是关于英语演讲焦虑的研究。当前,关于公众演讲焦虑的研究主要集中在以下几个方面:

一、公众演讲焦虑的内涵

公众演讲焦虑(Public speaking anxiety),普遍被认为是社交恐惧(Communication apprehension)的一种表现形式。社交恐惧是一个心理学概念,它被定义为"一个人无论是真实地还假想地与他人交流时出现的害怕和焦虑的状态[15]"。作为社交恐惧的一种特殊类型,公众演讲焦虑被定义为"一个人无论是真实地还是假想地站在人们面前演讲时出现的害怕和焦虑的状态[16]"。在美国,公众演讲被公认为是最令人感到害怕的活动[17-19]。曼德维尔(Mandeville)通过对12个研究生受试者为期三天的调研发现,所有人均出现不同程度公众演讲焦虑状况[20]。瓦勒钦斯基(Wallechinsky)和华莱士(Wallace)调研发现,在3000名被调查者中,有41%的人把公众演讲作为他们第一恐惧的事情,而害怕坐飞机和深水区的分别是18%和22%,对公众演讲的恐惧程度远远高于对火灾、虫子和黑暗的恐惧[20, 21]。有研究认为,对于有交流恐惧的学生很少有兴趣和动力参加有关公众演讲方面的课程[22],这些学生在大学里更容易出现退学情况[23]，更倾向于逃避社会、缺乏自信和有限的职业选择[15, 24]。

公众演讲焦虑的具体表现为：①生理、行为方面：心跳加速，面红耳赤；膝盖发抖，甚至无法起身走向讲台；声音颤抖，发音不准，声音过大或过小，常常伴随唾液增多或嗓子发紧发干现象；轻微的眩晕感；肠胃不适，有时感到恶心；换气过度，可能会不由自主地深呼吸；流泪；四肢颤抖或僵硬。②语言、思维方面：思维堵塞，突然哑口无言或无话可说；言语重复，不断重复某个单词、句子或信息；语无伦次，说话结巴；突然失去记忆，大脑一片空白，可能忘记某些事实和数据，甚至遗漏掉一些非常重要的信息。③情绪、情感方面：感到情绪无法控制；恐惧，尤其在开始演讲时；情绪过于激动；感觉大脑和身体不受控制；感觉很无助；感觉声音似乎不是从自己身体里发出来的；感觉自己一无是处；讨厌自己；感觉很尴尬；极度焦虑；发言后产生羞耻感[25]。

为什么会这样？研究认为，人类大脑里有两个微小的杏仁状的神经组织，叫作"杏仁体"。"杏仁体"从不休息，它们是人类早期预警系统的一部分。它们不断扫描危险事物，一旦你遭到威胁，它们就向你的身体发出警告。当你站在讲台上的那一刻，DNA告诉你此刻遇到大麻烦了。当感到有几百双眼睛在黑暗中盯着你的那一刻，经过几百万年进化之后的哺乳动物的大脑，确切地知道这意味着什么——意味着你将成为一顿盘中餐。大脑的杏仁体马上行动了起来，肾上腺开始分泌肾上腺素并将其注入你的身体系统。此时，呼吸更加急促，心跳加快，开始出汗，血液都流向胳膊和腿部的肌肉群以帮助你战斗或逃跑，本应流向处理语言的器官——前额叶的血液被抢走，大脑一片空白[26]。可见，公众演讲焦虑是由于很多人注意你、盯着你时出现的一种生理反应，这种生理反应是一种原始记忆通过基因的体现，主要是出于对安全的担心和恐惧。

公众演讲焦虑被分为特质（trait）型和状态（state）型两类[27]。所谓特质型，指焦虑来源于演讲者自身的基因和特质，是演讲者本身所固有的，不因演讲环境的变化而变化。而状态型则指焦虑随着演讲环境的变化而变化，如面对陌生群体演讲时紧张，但面对熟悉群体演讲时不紧张；面对人多时紧张，但面对人少时不紧张，等等。也就是说，可以将一个人演讲时出现的紧张、焦虑、恐惧状况分为两部分：一部分是演讲者本身所固有的；另一部分是基于环境的。

二、公众演讲焦虑相关性分析

克服公众演讲焦虑，首先需要弄清楚公众演讲焦虑与什么有关，为此，公众演讲焦虑相关性分析便成为研究的重点。与公众演讲焦虑的相关因素可分为两大类：一是演讲者自身的因素，如家庭背景、性别、性格、学历、个人意愿、个人能力等；二是外部环境的因素，如听众的范围和组成、演讲地点、演讲内容等。具体包括：

1. 公众演讲焦虑与语言表达能力负相关

拉什布鲁克（Lashbrook）对来自南部8所大学大约4800名学生的调查问卷进行因子分析，发现学生公众演讲水平与其本身所具有的语言天赋正相关，与演讲焦虑负相关[28]。贝罗（Bello）通过对来自南部大学105名不同专业学生的调研中发现，特征明显的公众演讲焦虑与公众演讲能力负相关[29]。

2. 公众演讲焦虑与个人感知能力相关

麦克唐纳（MacDonald）和麦金太尔（MacIntyre）认为，演讲者感知听众的能力是其产生焦虑和紧张情绪的关键因素，感知能力强的人更容易产生公众演讲焦虑问题[30]。

3. 公众演讲焦虑与个人期望值相关

艾尔斯（Ayres）和拉菲斯（Raftis）的研究表明，期望得到比较好评价的演讲者比不在乎评价的演讲者会产生更多的恐惧情绪[31]。

4. 公众演讲焦虑与演讲经历相关

坎宁安（Cunningham）利用演讲课程对352名大学生公众演讲焦虑状况进行研究，发现大学生公众演讲焦虑与之前的演讲经历和演讲经验负相关[32]。周金聪认为，以应试教育为导向的中学教育主要训练学生的应试的能力，忽视了学生语言表达能力的培养，学生没有锻炼的机会，造成学生语言表达能力低下[33]。

5. 公众演讲焦虑与演讲准备相关

较早准备并练习公众演讲的学生比较晚准备并练习公众演讲的学生在演讲流畅性方面表现更好、演讲焦虑程度更低。

6. 公众演讲焦虑与听众和内容相关

尼尔（Neer）和基尔舍（Kircher）通过对1988—1989学年就读于中西部大学306名大学生的测试显示：①公众演讲焦虑与听众人数负相关，听众越多，公众演讲焦虑越高；②公众演讲焦虑与演讲内容有关，做与个人经历有关内容的演讲比作论证性演讲的焦虑程度低[35]。

7. 公众演讲焦虑与性别和学业能力无关

三、克服公众演讲焦虑的策略

在如何克服公众演讲焦虑方面，学者们进行了丰富的实证研究，特别是设计了各种实验和准实验，并开发了相关测量工具。

1. 评价方法

开展公众演讲焦虑的相关研究，最先面临的是评价问题，能够准确测量公众演讲焦虑程度是开展相关研究的基础。公众演讲焦虑评价方法主要包括三类：一是演讲者自我评估，二是听众打分评估，三是通过测量演讲者特征（如心跳、声音频率等)来评估[34]。在演讲者自我评估方面,目前主要使用"交流恐惧自陈量表(PRCA-24)"和"演讲者信心自评量表(PRCS)",研究表明,这两个量表是测量公众演讲焦虑情况的有效工具,具有良好的效度和信度[36]。在听众打分评估方面,目前还没有统一或权威的量表,多是研究者针对实验实际需要自我开发的评价量表。在通过测量演讲者生理特征来评估方面,目前使用的还比较少[37],但随着一些设备和技术的发展,这种评价方法将会得到较多使用。以上三种方法评估的结果是正相关的,但演讲者自身对焦虑程度的评估往往高于听众打分的评估[34],即演讲者自己认为很紧张,但听众可能觉得演讲者没那么紧张[38]。

2. 心理干预

由于公众演讲焦虑多被定义为一种心理学概念,因此研究者较多采用心理学方法帮助学生克服焦虑。一是采用元认知的技术。王战胜、章本青、王聪通过对一例大学生发言紧张的临床诊断和干预,运用元认知干预技术中的临床放松训练和暗示学习原理,有效地解决了该生发言紧张问题,效果显著[39];金洪源、刘英晓、邱淑红采用一种元认知心理干预技术对演讲紧张的治疗十分有效[40]。二是采用团体辅导的方式。邹文华通过团体咨询干预的方式帮助大学生较好地克服了演讲怯场问题[41]。三是采用自我感知的方法。阿尔拉莫维奇(Ablamowicz)和哈利纳(Halina)制作和发放了开放式问卷,让学生自己回忆和填写面临过的演讲焦虑的经历,以帮助学生克服演讲恐惧心理,实践证明,产生了一定效果[42];里卡德斯—施利希廷(Rickards-Schlichting)、凯勒(Kehle)和布雷(Bray)设计了一套降低学生演讲焦虑的干预方法:让学生观看处理过(删除了紧张表现)的自我演讲录像,使学生感觉自己演讲效果很好,实验结果表明,学生公众演讲焦虑状况显著下降[43];但纽伯格(Newburger)认为,让学生观看自己的演讲录像不利于减轻公众演讲焦虑,因为演讲经验是降低演讲焦虑的中间变量,而观看自己演讲录像抵消了一部分演讲经验对降低演讲焦虑的影响[44]。

3. 能力提升

从教育学角度来说,帮助学生克服公众演讲焦虑根本在于提高学生的演讲能力,为此需要加强教育和培训,为学生创造实践和锻炼的机会。莫雷雷(Morreal)比较了传统的、长时间的公众演讲课程与改进的、短时间的公众演讲课程的教学效果,发现传统的、长时间的教学在降低学生公众演讲焦虑的效果更为明显,原因在于长时间的演讲教学使学生有更多的时间思考紧张的原因、进行相关实践活动等[45]。霍普夫(Hopf)进行了一个比较研究,他将实验人群分为两类,一类使用《面对演讲焦虑》培训手册自行学习,另一类进行系统的克服演讲焦虑的培训,结果表明,两种方式对缓解演讲者焦虑情绪都有效且没有显著差异[46]。李旭红、金新、陈宝佳对20名学生进行演讲与口才训练,使用演讲者信心自评量表(PRCS)对参与训练的学生进行前测和后测，分析表明前后测量数据差异显著，演讲与口才训练有效地降低了学生的演讲焦虑水平[47]。嘉兴学院通过对参加"村官班"的学员开展"三分钟演讲"训练，达到比较好的培训效果，特别是学生的自信心得到普遍提升[48]。贝里·曼（Berry Man）研究表明，通过练习和做游戏可以有效缓解公众演讲恐惧问题[49]。爱德华（Edwards）从受教育程度、性别、演讲经历、演讲训练、个人态度等方面对151名学生进行了调研和测试，发现学生在日常生活中非正式获得的公众演讲知识比通过学习演讲理论知识对降低公众演讲焦虑更有效[50]。

四、评述

可以说，当前国内外关于公众演讲焦虑问题的研究是比较深入的，但多集中在心理学层面，而基于教育学方面的研究还比较少。

一是对口语表达教育的重视程度不够。目前，大多数研究只是把公众演讲焦虑作为一种心理应激反应对待，并没有充分认识到克服公众演讲焦虑对提高语言表达能力的重要意义。单就我国语文教育来看，对提高学生口语表达能力并不十分重视。被誉为我国现代语文教育史上一代宗师的叶圣陶认为："语文是人类交流思想的工具，它包括阅读和写作两个方面"[51]，并没有提口语表达；语文教育家吕叔湘也指出："学习语文，学习什么？大家最关心的是读和写两件事"[51]也没有提口语表达。而文学家朱自清在讲到学习语文时认为："青年练习说话——特别是演说——的机会很多，应该有相当的控制语言能力……但控制文字难……"[52]朱自清认为，当时青年口语表达能力不错，只是写作能力不行，语文教育的重点也应放在阅读和写作上了。就我国高考来说，对语文科目的考察也主要是阅读和写作，并没有口语表达。但在实际生活应用中，口语表达却是最重要的。由于缺乏有效地训练，学生口语表达能力普遍较差，而克服公众演讲焦虑是激发学生口语表达潜能的有效途径，对于提高学生口语表达能力具有重要价值。

二是对如何克服公众演讲焦虑的内在机理研究不深。目前，克服公众演讲焦虑的主要措施大多都是基于暴露疗法，即让被试处于公众演讲环境之中，使之适应这一环境。结果也证明了，多练习是克服公众演讲焦虑最为有效的途径。但当前对多练习为什么能帮助演讲者克服演讲焦虑的研究不够，里面运转的机理还似乎是一个黑箱，是不是多练习的人都能克服演讲焦虑？为什么有的人演讲后的演讲焦虑不但没有下降，反而上升了？这其中的原理仍需要进一步深入研究。

三是克服公众演讲焦虑的教育经济效率问题需要考虑。教育是公益事业，但也要考虑效率问题。就公众演讲问题，克服公众演讲焦虑需要多次的练习。从统计学意义上说，随着练习的增多，演讲者的焦虑程度下降，但这一过程是符合递减规律的，即随着多次被置于演讲环境中，演讲者适应性提高的程度越来越小，焦虑程度下降的越来越少。因此，这里面还有一个效率问题。学校如果开展提高学生公众演讲能力的教育项目，在帮助学生克服公众演讲焦虑方面，当其他影响因素一定的情况下，使学生练习多少次最为科学合理，值得进一步研究。

第二节　公众演讲自我效能

自我效能理论是当代心理学用来探究和解释人对其能力的知觉和信念的最重要理论，自20世纪70年代形成和发展起来后，与之相关的研究非常多，在教育领域、职业与组织领域、身心健康领域均有应用[53]，但与公众演讲相关的研究却比较少。目前发现的主要文献有关于公演演讲自我效能与公众演讲成绩的关系研究，以及一篇国内的硕士学位论文《公众演讲焦虑与一般自我效能感、人格特质的关系——以一所民族师范学院大学生为例》[54]和一篇国外的博士学位论文《服务性学习与公众演讲自我效能感之间的关系》[55]。

一、公众演讲自我效能与公众演讲成绩

德怀尔（Dwyer）和福斯（Fus）通过一系列的研究发现，公众演讲自我效能可以预测公众演讲成绩。

首先，在早期的一项研究中，德怀尔和福斯通过对208名参加公众演讲课程的本科学生的调查发现，公众演讲自我效能与交际恐惧具有显著的负相关，但交际恐惧不能预测学生参加公众演讲课程的成绩，而公众演讲自我效能能够预测[56]。

之后，在进一步的研究中，德怀尔和福斯又对304名参加公众演讲课程的学生进行调查，再次证明了只有公众演讲自我效能能够预测学生的最终成绩[57]。

为此，德怀尔和福斯建议教师应该更加注重提升学生的公众演讲自我效能，减少对克服交际恐惧的关注。

二、一般自我效能感与公众演讲焦虑

赵庆华通过向甘肃民族师范学院的大学生发放1146份问卷，对公众演讲焦虑与一般自我效能感之间的关系进行研究。

公众演讲焦虑的测量工具使用的是演说者信心自评量表（Personal Report of Confidence as a Speaker，简称PRCS），一般自我效能感的测量工具使用的是一般自我效能感问卷（General Self-Efficacy Scale，简称GSES）。这两个问卷均有比较好的信度和效度。

通过对公众演讲焦虑与一般自我效能感的一元线性回归分析，作者发现：一般自我效能感与公众演讲焦虑呈显著负相关，学生一般自我效能感得分越高，其公众演讲焦虑得分越低；一般自我效能感作为公众演讲焦虑的预测因素，能单独解释民族师范院校大学生公众演讲焦虑得分变异的8.5%。

三、公众演讲自我效能与服务学习

20世纪60年代，美国高校产生一股社区服务和公共服务的热潮。在服务活动蓬勃发展的基础上，强调服务者知识与社区真实需要的"服务学习"（Service-Learning, SL）作为一种新教学模式产生[58]。"服务学习"源于杜威提出的经验学习策略，即强调使学生参与到现实生活中，通过亲身体验，学习相关课程内容[59]。而服务学习除了要求学生亲身体验外，更注重与社区活动的结合以及对学生社会责任感的培养。研究者沃伦（Warren）认为将服务学习策略应用于传统公众演讲课程中，将有利于促进学生公众演讲自我效能的提升。为此，他在肯塔基大学开展了一次准实验研究。实验组由274名注册基于服务学习的公众演讲课程的学生组成，对照组由328名注册传统公众演讲课程的学生组成。相对于传统公众演讲课程，基于服务学习的公众演讲课程增加了10个小时在当地社区进行服务的训练。课程期间，实验组和对照组的学生都进行了一系列演讲，不同的是实验组学生演讲的听众除了教师和学生外还有社区的服务对象，而对照组学生演讲的听众只有教师和学生。

令人比较遗憾的是，这一研究的结果并没有验证之前的假设，参加基于服务学习公众演讲课程的学生与参加传统公众演讲课程的学生在自我效能提升方面并没有显著差异；只是在掌握性经验获取方面，参加服务学习的学生比参加传统课程学生受到的影响更大。

四、评述

班杜拉认为，对自我效能的测量必须是基于特定环境的，一般自我效能产生特殊效能信念是不可信的。个人效能的一般指标和有关特定活动领域的效能信念没有关系，和行为也没有关系[60-63]。如果效能的一般指标包括与特殊化的效能信念内容的某些重叠，那么可能会有某种微弱的关系。但这更多是由于碰巧而不是因果关系。当总体效能信念和表现有关时，证据表明特殊效能信念可以解释这种关系[64, 65]。当特殊信念去除时，总体信念就失去其预测性。基于此，我们可以得出：

一是公众演讲自我效能能够预测公众演讲能力。特殊领域的自我效能信念可以预测行为表现，德怀尔和福斯的研究恰恰证明了这一点。因此，对公众演讲自我效能信念进行研究更具现实意义，将对今后提高公众演讲表现具有指导作用。

二是一般自我效能并不具有预测性。尽管赵庆华的研究表明一般自我效能与公众演讲焦虑负相关，但并不能说明一般自我效能能够预测公众演讲焦虑，不能排除一般自我效能与公众演讲自我效能具有重叠因素。因此，需要对公众演讲自我效能信念做进一步研究，以区分一般自我效能与公众演讲自我效能的关系。

三是公众演讲自我效能主要来源于掌握性经验。使学生进入到公众演讲的实境之中是提高其公众演讲自我效能的必经之路。基于服务学习的公众演讲课程相对于传统公众演讲课程在提升公众演讲自我效能方面并不明显，一个非常重要的原因是两类课程在操作方法都让学生进行了实际演讲，学生演讲过程中掌握的操作性经验提升了学生的公众演讲自我效能，从这个角度说，两类课程并没有本质区别，因为影响学生自我效能提升的主要因素是相同的。

第三节　焦虑理论

公众演讲焦虑是焦虑的一种表现形式。因此，与焦虑有关的理论是研究公众演讲焦虑问题的理论基础。

在所有文化中，焦虑都是最普遍而无处不在的人类情绪之一[66]。奥地利精神分析的创始人西格蒙德·弗洛伊德（Sigmund Freud）指出："我不需要向人介绍焦虑，因为我们每个人都经历过这种感觉，更准确地说，都经历过这种情绪状态。"[67]焦虑作为一种最普遍的情绪，一直是心理学家研究的重要领域。公众演讲焦虑作为焦虑的子集，对其开展研究的基础是关于焦虑形成因素及干预机理的理论。

一、焦虑是面对危险和挑战产生的情绪状态

在日常生活中，"紧张""担心""忧伤""忧虑""恐惧"等都通常被认为是焦虑的同义词。焦虑情绪会引起或伴随身体上和精神上的紧张状态，而这种紧张是由于主体感觉到了有危险或者害怕面对危险。因此，心理学家曾经将焦虑定义为由于主体感觉到危险的存在而产生的一种情感状态[68]。

焦虑可分为喜欢的焦虑和不喜欢的焦虑。如在游乐场坐"过山车"、到电影院看"恐怖片"就属于喜欢的焦虑，而面对多人的公众演讲、参加一场重要的考试等则容易产生不喜欢的焦虑情绪。对于不喜欢的焦虑，又可分为有益的焦虑和有害的焦虑。焦虑可以帮助人们调动其积极性以应对可能出现的危险，适度的焦虑感能够使人变得更加出色[69]。贾里德·基利（Jared Keeley）和他的团队调查发现，在统计学考试中，过度焦虑和过度放松的人都考得很差，而适度焦虑的人成绩最好[70]。约翰·拉格林

（John Raglin）和保罗·特纳（Paul Turner）也发现了与统计学考试类似的结果：在一项体育运动测试中，焦虑感处于中等水平的人成绩最好，而焦虑过度和放松过度只会让成绩变得更糟[71]。焦虑并不都是有害的。根据焦虑程度可以把焦虑从"不焦虑"至"完全焦虑"分成若干级别，其中"不焦虑"尽管是我们追求的目标，但"不焦虑"也是不正常的，不利于人们在面对危险时做出及时正确的反应；而"完全焦虑"则是处于一种失控的状态，也可以称为是一种病态，威胁着人的身心健康。因此，克服焦虑并不是没有焦虑，而是克服过度的焦虑，使焦虑保持在适度可控的范围。

公众演讲焦虑是由于需要暴露在众人注视的环境中所表现的一种情绪状态，演讲的环境被人认作是一种威胁或是挑战。适度的公众演讲焦虑有利于人的发挥，而过度的公众演讲焦虑则是非常有害的，它会使主体无法集中思想、做出正确的表达，并最终影响主体的表现。克服公众演讲焦虑主要是克服过度的焦虑情绪，使焦虑保持在适度可控范围。

二、焦虑存在于多种不同情景之中

纵览现代社会中普遍存在的焦虑表现形式，焦虑是无处不在的，它存在于各种情景之中，比如考试焦虑、数学焦虑、电脑焦虑、运动焦虑、社交焦虑、与恐怖相关的焦虑、工作焦虑、健康焦虑、驾驶焦虑……面对不同的情景，不同的人的表现也是不同的。有的人会出现考试焦虑，但面对运动则不会产生焦虑；有的人害怕与人交往，但面对工作不会出现不舒服的情况。因此，对焦虑的研究必须植根于产生焦虑的环境之中，泛泛地研究焦虑问题是没有意义的。

公众演讲焦虑一般被认为是社交焦虑的一种表现形式。什么是社交焦虑？社交焦虑是指在社交情境中的紧张或不适，通常是因为害怕做出令人尴尬的或愚蠢的事，会给别人留下不好的印象，或是会被别人严厉地评判。对很多人来说，社交焦虑只局限于某些种类的社交情境。例如，有些人在正式的工作情境中会非常不适，比如做口头报告和参加会议；但在较随意的情境中却很自在，比如参加派对和跟朋友交往。其他人可能表现出完全相反的模式。在正式的工作情境中比在无组织的社交聚会中更轻松。社交焦虑的强度和所害怕的社交情境的范围因人而异。例如，有些人经历的恐惧还可以控制，而有的人会被强烈的恐惧完全压倒。对某些人来说，恐惧只限于单个社交情境（比方说共用公共卫生间、做公众演讲），而对其他人来说，社交焦虑几乎在所有社交情境中都会发生。研究认为，社交焦虑与一些常见的性格特点有关，包括羞涩、内向和完美主义。在某些社交情境中，害羞的人通常会觉得不自在，尤其是当他们需要和他人打交道或是需要见不认识的人的时候。和外向或开朗的人相比，内向的人在社交情境中往往会更安静、更内敛并可能更喜欢独处。然而，内向的人在社交时不一定会焦虑或恐惧。而有完美主义特点的人往往趋向于给自己设定很难或不可能实现的过高标准。完美主义会导致人们在公共场合感到焦虑，因为害怕其他人会发现他们的"瑕疵"并对他们做出负面的评判[72]。

三、焦虑的根源是多种多样的

斯皮尔柏格（Spielberg）的"状态—特质"焦虑理论认为，人们对于焦虑当时的情绪体验与其平常的焦虑状态不同。特质焦虑是指焦虑倾向，它是一种稳定的人格特质；状态焦虑反映的是特质焦虑与环境中威胁的互动结果，[72]如图2-1所示。

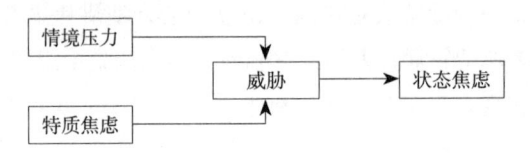

图2-1 斯皮尔柏格的焦虑状态—特质交互模型

人们面对威胁产生焦虑的根源来源于两方面，一是情境压力的程度，面对极度危险（如生命威胁）和轻微危险（如一次不重要的小测验）所产生的焦虑程度是不一样的；二是特质焦虑，即人们在长期成长过程中形成的稳定的人格。状态焦虑是特质焦虑与情境压力互动产生的结果。

研究认为，特质焦虑产生的根源主要包括以下方面：①基因；②产前母体环境；③体质、体格；④气质、性格；⑤依恋的形成；⑥初期社会化（孩子养育等）；⑦进一步社会化（同龄人、学校、社区等）；⑧个人经历。[74]

可见，焦虑的影响因素是多种多样的，但可以将其大致分为基因和环境两类。基因变异会改变控制焦虑的大脑系统对外在威胁的敏感性，如通过调节血清素等神经递质发挥其影响作用（5—羟色胺）[75]。某些环境因素则通过学习机制来实现其功能，包括对威胁和社会模仿的基本条件反射。父母或者年长的兄弟姐妹在面对压力时表现出的过度不安、心事重重、紧张以及忧虑，很可能成为儿童模仿的不利对象。当前的观点和研究指出，一个人在评价性情境中持续累积下来的失败经历是个体焦虑差异的主要决定性因素。因此，理解焦虑形成的最好方式是，综合考虑生理、家庭、社会、教育、经验等因素组成的每一个独特整体，并结合因素间交互作用进一步了解他们在焦虑发展过程中的作用。

公众演讲焦虑同样可以分为特质型和状态型两种。公众演讲特质焦虑与一个人成长过程有关，涉及他的基因、家庭环境、学校教育以及个人经历等多种因素；公众演讲状态焦虑不仅与主体公众演讲特质有关，而且与演讲的具体环境有关，具有同等特质的主体在不同压力演讲环境下所表现的状态焦虑程度是不同的，压力越大，所表现的焦虑程度越高。而如果控制环境因素，一个人公众演讲特质焦虑对其最终表现的焦虑状况则起决定作用。

四、评述

通过焦虑理论，我们可以得出以下结论：

一是公众演讲焦虑是一种无法完全克服的焦虑，它是人类进化过程中所遗传下来的本能反应。

二是适度的公众演讲焦虑有利于演讲者有更好的表现。因此，克服公众演讲焦虑并不是消除焦虑，而是克服过度的、不正常的焦虑情绪。

第四节　认知行为理论

在焦虑性障碍的治疗方法中，认知行为疗法被认为是当今最有效的治疗方法。认知行为疗法是基于实验心理学方面的研究成果建立起来的。这种疗法代表了科学心理学和实验方法学在心理疗法方面的应用。认知行为疗法的理论基础是学习理论和认知心理学理论。

一、学习理论

学习理论最初形成于基于行为主义心理学的研究。行为主义是心理学研究的早期流派，其创始人美国心理学家约翰·华生（John B. Watson）认为意识只能通过内省过程进行研究，而内省是一种臭名昭著的不可靠的研究工具。心理学需要一个足够稳定以便能够被可靠测量的研究对象，这个研究对象就是行为[77]。也就是说，行为是可以观察到的，而意识是无法观察到的，因此对心理的研究要围绕着可观察和测量到的行为展开。基于行为主义，学习被看作是"刺激—反应"的联结，其中比较有名的研究是：伊凡·彼德罗维奇·巴甫洛夫的经典条件作用、爱德华·李·桑代克（Edward Lee Thorndike）的"尝试—错误"学习和伯尔赫斯·费雷德里克·斯金纳（Burrhus Frederic Skinner）的操作性条件作用。对于焦虑问题，学习理论学家认为，最好从习得行为反应倾向角度来考虑焦虑，即将焦虑看作是个体关于环境威胁的长期经验累积的结果[78]。焦虑学习理论模型的精髓是：焦虑和恐惧是通过条件反射或其他学习加工过程习得的，并且相应地产生逃避或者回避行为。焦虑或恐惧能够维持的部分原因是它在一定程度上能成功地引发逃跑或回避行为，接着，焦虑或恐惧会显著降低。这种观点在心理学领域已有长久而丰富的历史[79]。因此，克服焦虑最好的方法就是改变患者的行为，通常做法就是将患者暴露于使其焦虑的环境之中，通过使其适应这一环境改变患者的焦虑行为。

将具有演讲焦虑的人暴露于公众演讲环境中也是治疗公众演讲焦虑过程中通常采用的方法且取得非常好的治疗效果。

二、认知疗法

认知疗法是由认知心理学发展而来的。认知心理学是最新的心理学分支之一，从1950至1960年才发展出来的，到20世纪70年代成为西方心理学的主要流派。以信息加工观点研究认知过程是现代认知心理学的主流，它将人看作是一个信息加工的系统，认为认知就是信息加工，包括感觉输入的编码、贮存和提取的全过程。贝克（Baker）提出了"图式"的解释体系[68]。奈瑟尔（Ulirc Neisser）把图式定义为一种记忆的唤起和经验的再现，他认为，一种病理学状态（如焦虑性障碍）是由众多的与日常生活不适应的图式构成的[68]。认知疗法建立在这样一种假设上："我们许多的担心、不安和大部痛苦，更应该被看作是我们看待事情的方式而不是事情本身产生的后果。"这其中最有代表性的是埃利斯（Ellis）的A—B—C理论[80]：A是与你期望不相符的事情；C是因此产生的不好情绪，如焦虑、抑郁。这本来是A—C的公式，但A—C之间应该还有一个B，这个B就是你怎么来看待A。如果是一种积极的态度，那就不会产生C（焦虑、抑郁）；但如果是消极的态度，那就会产生C。因此，认知疗法主要关注的是你的认知，通过形成理性认知克服焦虑情绪。

公众演讲焦虑的产生也是由于没有形成对公众演讲活动的理性认知，如果能够理性认知公众演讲活动，比如，确立把参与公众演讲活动看作提高自己公众演讲能力的过程的思维方式，对克服公众演讲焦虑会起到非常好的效果。

三、认知行为疗法

认知行为疗法是将认知技术与行为技术相结合。这个结合非常重要，因为它使处理障碍的认知方面成为可能。例如，把患者暴露于能在他身上引起焦虑的刺激中，使患者身临其境并更容易确定与此焦虑状态相关的想法。然后讨论其真实性和关联性是否可能。"认知行为"这个术语不应该认为是对独自开放行为的集中，也不能认为是主体合理过程。情绪在这种方法中占支配地位。使用"认知—情绪—行为"更准确，因为这三者集中于所有疗法。从认识论的观点来看，将行为疗法和认知疗法分开有时是无根据的。即使行为技术主要基于公开行为，行为矫正总是引起或取决于认知矫正。已经有事例证明，暴露于引起焦虑的刺激中可以引起对形势认识的矫正，正是这最后的矫正形成了真正的变化[68]。

事实证明，认知行为疗法对克服焦虑情绪具有明显效果，使治疗者焦虑程度显著下降。单从这一结果上看是好的，如果考虑治疗者应付使其焦虑的环境能力提高方面，则往往达不到理想的结果。因为，认知行为疗法更多关注的是主体的认知，是通过改变主体认知克服焦虑情绪，那么，面对引起焦虑的环境刺激，认知行为疗法关注的是认知改变，即怎么看待压力问题，并没有把关注重点放在主体应对压力的能力提高上。因此，有时焦虑情绪得到缓解的原因只是主体期望值降低了，而不是基于主体对自身能力提高的认知上。

四、评述

通过认知行为理论，我们可以得出以下结论：

一是克服公众演讲焦虑最有效的方法是行为认知疗法，即将患者暴露于公众演讲环境之中，通过认知干预使其逐步适应公众演讲环境，最终达到缓解焦虑的效果。

二是行为认知疗法通过改变人们的认知克服公众演讲焦虑可以从两方面实现：一方面是降低患者的期望值，使患者改变必须要演讲成功的信念；另一方面是帮助患者形成解决困难的思维方式，把演讲活动作为提高演讲能力的实践过程。

三是大学生是高知识群体，帮助大学生克服公众演讲焦虑不能通过降低他们的期望值来实现，而要通过激发他们的公众演讲潜能、改善他们对自身公众演讲能力的认知从而形成公众演讲自信来实现。

第五节　自我效能理论

自我效能理论是在20世纪70年代之后形成和发展起来的，它是当代心理学用来探究和解释人对其能力的知觉和信念的最重要理论，它的创立者是美国著名心理学家班杜拉。

一、自我效能的概念

什么是自我效能？20世纪80年代前期，班杜拉将自我效能界定为关于人们对完成某个特定行为或完成产生某种结果所需行为的能力信念，是一种相当具体的能力预期，知觉到的效能影响着个体的目标选择、努力程度等[81]。20世纪80年代后期，又把自我效能看作是"对影响自己的事件的自我控制能力的知觉"，以及作为一种对认知、社会和行为等技能的整合行动过程的自我生成能力，"人们对组织和实施达成特定操作目标的行为过程的能力判断"[82]，或者是"对影响自己生活的事件的控制能力的信念"[83]，20世纪90年代，自我效能被界定为"人们对发动完成任务要求所需行动的过程、动机和认知资源的能力的信念"[84]，此后，又重新将其界定为"人们对其组织和实施达成特定成就目标所需行动过程的能力的信念"[85]。从这些不同历史时期的界定来看，自我效能实际上是指人们对成功实施达成特定目标所需行动过程的能力的预期、感知、信心和信念。理论上，自我效能具有四层含义：

（1）自我效能是个体对其能做什么的行为能力的主观判断和评估。

自我效能虽然也可以称作是一种能力，但并不是通常意义上的能力，它是主体对自己能力的一种判断。这里包含对自我效能判断的两种解释：一是自我认为自己能力越高，其自我效能就越高，但这并不代表其能力一定就高，有可能其能力并不高，只是他自己认为高而已；二是自我对自己能力判断越准确，其一般"能力"意义上的自我效能就越高，即他能够准确判断自己能力的能力越高。我们通常所说的自我效能是指第一种解释的自我效能。因为我们更关注的是一个人能力的行为表现，而不是他对自己能力判断上的表现，而对自己能力的主观判断与其能力表现具有相关性。尽管从单个个体看，并不能得出其自我效能越高其能力就越强的结论，但从统计意义上看，一个人自我效能越高其能力表现应该就越好。因此，提高主体自我效能对于提高主体能力行为表现具有重要意义。

（2）自我效能是个体整合其各种能力信息的自我生成能力。

班杜拉指出："效能是一种生成能力，它综合认知、社会、情绪及行为方面的亚技能，并能把它们组织起来，有效地综合地运用于多种目的。"[86]这里所说的生成能力，应该是能够让亚技能外显的能力。人们学习知识以及亚技能，但如果不能应用，那么这些知识和亚技能就不能表现为能力，人们所掌握的知识和亚技能处于潜在未激发状态，只有人们有意识、有目的运用这些知识和亚技能且达到预期目的，才能表明人们具有能力。而人们愿意做某件事情的主要因素在于人们认为自己能够做成这件事情，或者说，人们认为自己有能力完成这件事情，而这种自我认可就是自我效能。正如班杜拉所说，一个人除非相信自己能通过自己的行动产生所期待的效果，否则他们很少具备行动的动机[86]。因此，效能信念是行动的重要基础，是人们能力生成的动因。

（3）自我效能具有领域特定性，即个体对完成不同的任务，或达成不同的特定目标，其自我效能判断会有所不同。

班杜拉指出："自我效能知觉并非是一个人对其所具能力的评价，而是他在不同环境下，对其所能做的事的一种信念，不管他有什么样的技能。"[86]一个与此相关的普遍误解是一般效能信念产生特殊效能信念。经验性证据对这种观点和对与其他总体价值素质可能存在联系的观点同样不利。个人效能的一般指标和有关特定活动领域的效能信念没有关系，和行为也没有关系[87, 88]。如果效能的一般指标包括与特殊化的效能信念内容的某些重叠，那么可能会有某种微弱的关系。但这更多是由于机遇而不是因果关系。当总体效能信念和表现有关时，证据表明特殊效能信念可解释这种关系[89, 90]。当特殊效能信念去除时，总体信念就失去其预测性。因此，相对于一般自我效能，针对特殊环境、特殊能力的自我效能研究更有意义。

（4）自我效能形成后最终会成为个体的一种内在自我信念。

自我效能是一种相对稳定的心理品质，它不会轻易地变化，是个体长期生活过程中根据各种信息而形成的对自己能力表现的自我判断。这种判断使个体在面对曾经完成过的任务时，表现出自信；在面对虽然没有亲历过、但认为自己经过努力能够完成的任务，表现出一种坚持和韧劲儿，即使面对困难、经受挫折，也能持续面对，直到最终解决。班杜拉认为，知识和能力的获取一般要求在面对困难和挫折时坚持努力。这是因为，一般的社会现实通常到处是困难。生活充满着失望、障碍、苦难、失败、倒退、挫折和不平。自我怀疑能在失败或倒退后很快产生。重要的不是困难引起自我怀疑，这是自然的、立即的反应，重要的是在一个遇到困难时效能知觉恢复的速度[86, 89, 90]。自我信念越强，效能知觉恢复的就越快。

二、自我效能的结构

从结构来看，自我效能是多维度的，它主要包括水平、强度和广度[91]。

自我效能的水平是指人们能够克服活动任务给个体增加的困难程度或完成该活动任务对个体的能力信心的威胁等级，即在行为等级层次中，个体觉得自己能够完成不同难度和复杂程度的活动任务所需行为的等级水平。个体觉得自己能够完成的任务难度等级越高，其自我效能水平就越高。

自我效能强度是指个体确信他能完成受到怀疑的行为的坚定性，即个体对完成不同难度和复杂程度的活动或任务的能力的自信程度。自我效能比较低的个体，在一致经验的作用下会很容易降低其努力程度；而自我效能高的个体，在一致经验的作用下仍能维持其努力程度。自我效能的强度与个体在面对挫折、痛苦或其他行为障碍时坚持性的重复有关。如果个体在遇到困难情境时，行为经常能坚持下去，就会积累起较高的自我效能强度。

自我效能广度是指成功或失败的经验以一个有限的、特定的行为方式影响自我效能预期的程度，或者自我效能的改变是否能延伸到其他类似的行为或情境中去。因对自己某一方面能力自我效能信念的提高扩展到其他方面能力自我效能信念的提高，那么，主体自我效能广度就越大。

三、自我效能的测量

自我效能不是由一个混合测验测量出来的无情境的总体素质，一般性的、无情境的、无领域性的效能信念测量对人类心理和行为机能的发挥不具有什么解释力和预测性，效能信念应该按照特定的能力判断进行测量，这种能力判断在不同的活动领域中，或在同一领域的不同任务水平的要求下，或在不同情境中，均可能不同。在某一活动领域中高效能感不一定伴随着另一领域的高效能感，为了获得合适的解释力和预测性，对自我效能的测量需要针对特定的活动领域，必须表现该领域中不同的任务要求、所需要的能力类型和能力可以应对的情境范围[91]。

尽管自我效能具有多维度，但多数研究还是针对效能强度进行测量。在测量效能信念的标准方法中，向个体呈现描述各种不同水平任务要求的项目，他们评定自己执行这些活动的能力信念的强度。各个项目用"能做"而不是"要做"的词汇表达。可以用两种形式测量自我效能强度。在双重判断形式中，个体首先判断他们是否能完成某一活动。对他们判断为能的任务，然后用效能强度量表评定他们效能知觉的强度。在效能强度量表中，个体在一个100点量表上报告他们信念的强度，每个间隔为10，从0（"不能做"）经中等程度的确信50（"适度肯定能做"），到完全确信100（"肯定能做"）[86]。

四、自我效能的来源

班杜拉认为，建构自我效能有四个主要信息来源：

1. 作为能力指标的动作性掌握经验，即亲历的掌握性经验

亲历的掌握性经验是指个体通过自己的亲身行为操作所获得的关于自身能力的直接经验。亲历的掌握性经验是个体自我效能信息中最强有力的来源，对自我效能形成影响最大，比仅仅依赖替代性经验、认知模仿和言语劝导的模式能产生更为强烈、更为普遍的效能信念，因为个体通过亲身经历所获得的关于自身能力的认识最为可靠，提供的能力证据最有说服力。

2. 通过能力传递及与他人成就比较而改变效能信念的替代经验

替代性经验是指通过观察他人的行为，看见他人能做什么，注意到他人的行为结果，以此信息形成对自己的行为和结果的期待，获得关于自己的能力可能性的认识。目睹或想象相似他人的行为表现，往往能提高观察者的效能信念，使其相信自己拥有掌握相应行为的能力[86]。

3. 使个体知道自己拥有某些能力的言语说服及其他类似的社会影响

言语说服或社会说服（包括他人的说服性鼓励、建议、告诫、劝告以及他人的

暗示）是用来试图使人们相信自己已拥有获得成功的能力。言语说服是进一步加强人们认为自己已经拥有的能力信念的一种有效手段，尤其是当个体在努力克服困难，并出现自我能力怀疑时，如果有重要人物表达了对他的信任或积极性的评价，会较容易增强其自我效能。

4. 一定程度上人们用于判断自己能力、力量和机能障碍脆弱性的身体和情绪状态

对行为、事件和情境无效控制的应激反应会通过预期性自我唤起进一步加剧紧张，产生高焦虑、高抑郁情绪反应，往往使人们低估自己的能力；生理上的疲劳、疼痛等也会被人当作机体无效能的信号，增强其无能感[91]。

五、自我效能对焦虑的影响

研究认为，控制潜在的威胁性事件的自我效能感在焦虑唤醒中起着关键作用。威胁不是情境事件的固有属性，而源于人们对自己应对事件的能力知觉与事件潜在伤害性的匹配。因此，当人们相信他能控制事件的潜在威胁时，就不会产生恐惧性认知，也不会受其困扰，认为自己效能高的个体在处理潜在威胁时，几乎不会显示出情感唤醒；认为自己不能控制潜在威胁的人就会经历高水平的焦虑，而且他们此时的压力感上升，心跳加速，血压升高，儿茶酚胺分泌增加[91]。

因此，提高主体自我效能感对降低主体焦虑具有显著效果。实际上，提高主体自我效能感也属于认知的改变，但这种改变是积极的，是建立在主体能力提高的基础之上的。使主体体验成功应对潜在威胁环境的经历是提高主体自我效能感的主要途径。

六、评述

通过自我效能理论，我们可以得出：

1. 焦虑与自我效能之间存在负相关关系

一方面焦虑是自我效能的四个重要信息来源之一，克服焦虑能够提升自我效能；另一方面自我效能又对焦虑产生影响，在应对某一方面事件时的自我效能越高其焦虑越低。公众演讲焦虑与公众演讲自我效能也应是负相关关系，获得公众演讲自我效能必须要克服公众演讲焦虑，但这里的"克服"是适度的，因为根据焦虑理论，适度的焦虑有利于提升演讲者的表现。因此，公众演讲焦虑与公众演讲自我效能之间应该存在着递减的边际效应，也就是说，随着公众演讲焦虑下降公众演讲自我效能的增强递减；或者说应该存在一个转折点，使公共焦虑在这个点时，公众演讲自我效能最高。

2. 自我效能主要来源于掌握性经验

根据班杜拉的理论，自我效能有四个方面的信息来源：掌握性经验、替代性经验、言语说服、应激反应，其中最主要、最根本且起决定性作用的是掌握性经验。一方面，因为自我效能是对自己能力的感知，感知的基础是建立在能力之上，而能力是掌握和运用知识技能所需的个性心理特征，所以，一个人在某方面有能力的根本原因在于这个人掌握做这方面事情的知识和技能，也可以说这个人能自觉或不自觉的遵循做这件事情的规律。另一方面，其他三方面信息来源都需要掌握性经验来检验，比如，言语说服一个人有某方面的能力，他或许因此增强了在这方面的自我效能，但这种自信是暂时的、不可靠的，而且需要在实践中得到验证。如果实践中能够验证，那么他就具备了掌握性经验。如果验证失败，他之前建立起来的自我效能也会失去。对于公众演讲自我效能的提升也是如此，最终要依靠个体在公众演讲方面能力的提升，如何提升公众演讲能力，根本在于使个体掌握公众演讲的掌握性经验，即演讲技巧。

第三章 分析框架与研究设计

影响大学生公众演讲自我效能的主要因素有哪些？如何提高大学生公众演讲自我效能？要回答这些问题，需要对一些概念进行界定，并在这些概念的基础上按照一定的路径进行研究设计。

第一节 概念界定

概念是分析的起点。根据自我效能理论，中间一般水平性的效能项目扩大了预测性范围。因此，本研究的研究对象及相关概念尽可能选择中间水平。

一、大学生

2017年，我国有普通高等学校2500多所，在校本科生、专科生和研究生有2800多万人。本研究所指的大学生特指一般本科院校的学生。一方面的原因是基于研究的便利性；另一方面的原因是一般本科院校学生的综合能力素质相对于重点大学学生和专科学生正处于中间位置，以一般本科院校学生为研究对象更具有现实意义。

一般本科院校大学生具有以下特点：一是年龄处于18~22岁。这个年龄段正是一个人世界观、人生观、价值观形成的关键时期，这时开始思考人生的意义是什么、活着的价值是什么及未来的自己应该是什么样子等问题。二是学习动力明显不足。高考前的"学习透支"使进入大学的学生不同程度存在懈怠心理，再加上当前一般本科院校普遍存在教学模式相对陈旧、仍以灌输式讲授式为主等问题，很难引起学生的学习兴趣，学生学习动力不足。三是学生独立思考意识不够。当代大学生受互联网新媒体影响较大，许多知识的获取都通过网络。尽管互联网在帮助人们快速获取知识方面具有一定优势，但也造成了人们在阅读上的碎片化，这样的学习最大的问题是致使学习者思想不够深刻，从而最终导致学生缺乏独立思考的意识和能力。

二、公众演讲

公众演讲，顾名思义，即将你个人的观点通过与他人分享并影响他人的态度而达到公共化的一种途径。根据对408家公司进行的一项组织调查结果显示，沟通技巧包括公众演讲，是用人单位录取大学毕业生考察个人素质的首要条件[92]。

公众演讲的类型可分为三类：一是表演型演讲，即以表演为主的演讲，背诵是其主要采取的传达方式；二是告知型演讲，即旨在传达知识和帮助理解的演讲；三是说服型演讲，即旨在创造、强化或改变人们的信仰或行动的演讲。这三类演讲并不是严格划分的，任何一个公众演讲可能会兼顾这三个类型演讲的成分，只是侧重点不同。

对大学生而言，最具意义的是培养说服型演讲的能力。一方面，应用最多的是说服型演讲。大学生未来进入社会后与人沟通，最重要的不是信息传递，而是通过信息传递达到说服的目的。比如，面试演讲就是一种说服型演讲，讲自己的优势不是目的，而是要通过讲自己的优势达到说服面试官的效果。另一方面，培养大学生说服型演讲能力对于提高大学生独立思考意识具有重要意义。要想说服别人，就不能人云亦云，必须要有自己的见解。针对一个问题，让大学生进行说服型演讲训练，不仅锻炼了语言表达能力，也锻炼了思维能力。

本研究的主要目的是培养大学生说服型演讲能力。因此，本研究中的"公众演讲"主要是指说服型公众演讲。但在调研阶段所指的公众演讲并没有进行严格的划分。

三、公众演讲焦虑

公众演讲焦虑指面对公众演讲情景之前、之中、之后所表现出的一种紧张状态。本研究所指的焦虑是正常焦虑，而不是病理性焦虑。也就是说，研究对象是正常人，其所表现的公众演讲焦虑是一般性正常表现，是可控的；而病理性焦虑是指是对正常生活有影响的强烈或破坏性的焦虑。

公众演讲焦虑是一种正常的心理现象。美国口才训练大师戴尔·卡耐基在《语言的突破》中说，演讲课程刚开始的时候，百分之百的成人惧怕登台演讲。初次上台演讲者都会有紧张的情绪，只不过紧张的程度有所不同而已。即使是一些著名的演讲家，初次演讲时也有过怯场的经历。古罗马演讲家西塞罗说，他从演讲一开始就感到面色苍白，四肢和整个心灵都在颤抖。著名政治家、演讲家、美国前总统林肯说，他初次演讲，总有一阵畏惧袭上心头。我国现代著名文学家沈从文，他第一次走上大学讲台，也十分怯场，只好向同学们要求停顿片刻再讲，还向胡适写了一封辞职信[93]。

适当的焦虑状态，不但不会影响演讲者的表现，反而会促进演讲者的表现。因此，本研究对公众演讲焦虑的态度是：公众演讲焦虑并不是越低越好，而是要将公众演讲焦虑限定在一定范围之内。

四、公众演讲自我效能

根据自我效能理论，自我效能具有领域特定性，即个体对完成不同的任务，或达成不同的特定目标，其自我效能判断会有所不同。一般自我效能感高并不能保证在某一方面自我效能感就高。因此，公众演讲自我效能是主体相信自己能应付当众演讲或主体面对公众演讲的自信心，而不是其他方面的效能。

公众演讲自我效能存在概括化现象，即当学生通过努力建立了公众演讲自信心后，也可能在生活的其他方面产生自信心。有学者指出，多年来，数以千计的学生通过演讲课提高了对自己的演讲能力的自信。只有当你的自信心增强了，你才会坦然站在众人面前，告诉他们你在想什么、你在感受什么，以及你了解什么，并使听众想到、感受和了解同样的一些东西。自信心让人感觉良好的最大原因就是，自信心会滋养自信。第一次成功以后，你便自信下次会成功。当你成了一个有自信心的演讲后，你也可能在生活的其他方面感觉更自信[92]。

五、公众演讲掌握性经验

掌握性经验是通过实际参与或操作获取的感性认识升华后形成的理性认识。马克思主义理论认为，人类最初是通过生产实践活动获取感性认识的，感性认识经过突变产生概念，运用概念通过判断和推理产生出合乎论理的结论，然后通过对这些结论在实际生活中的反复印证，感性认识逐步发展为理性认识。随着理性认识的不断积累，人们掌握了越来越多地改造自然的工具，人类社会得到了快速发展。因此，一个人能否成功，关键在于他掌握多少理性认识即知识。谁掌握知识越多，谁成功的概率就越大。知识来源于实践，但人不能事事都亲自实践，实事上多数的知识是间接获得的，是前人总结以后告诉我们的。课堂学习实际上就是对间接经验的学习，但也是对别人直接经验的学习。掌握性经验是一个人最终获得的经验，这些经验可以是直接经验，也可以是间接经验，但必须是能为人所用的经验，即这个人信任这些经验并能以这些经验来指导新的实践。

公众演讲掌握性经验是针对公众演讲活动总结出的且可以使公众演讲效果更好的规律性认识。这些规律性认识可以是前人总结出来的，也可以是每个人自身体会出来的，但都需要得到实践的检验。公众演讲掌握性经验，通常被称为演讲技巧或演讲原则或演讲策略

六、公众演讲能力

能力是我们在日常生活中经常使用的概念，但什么是能力？能力的定义是什

么?《现代汉语词典》给出的定义是:"能力,是能胜任某项任务的主观条件。"《辞海》给出的定义是:"能力,是掌握和运用知识技能所需的个性心理特征。一般分为一般能力与特殊能力两类,前者指大多数活动共同需要的能力,如观察力、记忆力、思维力、想象力、注意力等;后者指完成某项活动所需的能力,如绘画能力、音乐能力等。"通过这两种定义可以看到,"能力"是作为一个心理学概念被界定。

现代教育心理学认为,能力的形成和发展,与个体的知识和技能的获得是分不开的。[94]知识是实践经验或实践活动的认知成果;技能是通过学习而形成的活动形式。就公众演讲活动而言,公众演讲能力的获得也应包括知识的获取和技能的锻炼。但这里的知识,不仅包括什么是公众演讲的陈述性知识以及如何进行公众演讲的程序性知识,还应包括对与演讲主题相关的知识信息的掌握(知识储备);而技能,应该是能够熟练、准确运用上述知识的活动方式。所以,公众演讲能力是综合公众演讲知识和公众演讲技能,并实现了概括化、系统化的整体表现。因此,在本研究中,公众演讲能力特指个体在公众演讲活动中的行为表现,是作为旁观者对演讲者演讲行为的综合评价。

第二节　分析框架

本研究的分析框架包括两个方面:一是实证分析框架,重点厘清各概念(变量)间的关系及研究的重点。二是逻辑研究框架,重点明晰研究步骤及逻辑展开过程。

一、实证分析框架

本研究构建了以下分析框架(图3-1)。该分析框架中有四个变量,分别是:公众演讲自我效能、公众演讲掌握性经验、公众演讲焦虑、公众演讲能力。这四个变量之间是相互影响、相互联系的。但基于研究的目的和测量的可行性,本书重点分析以下变量间的关系。

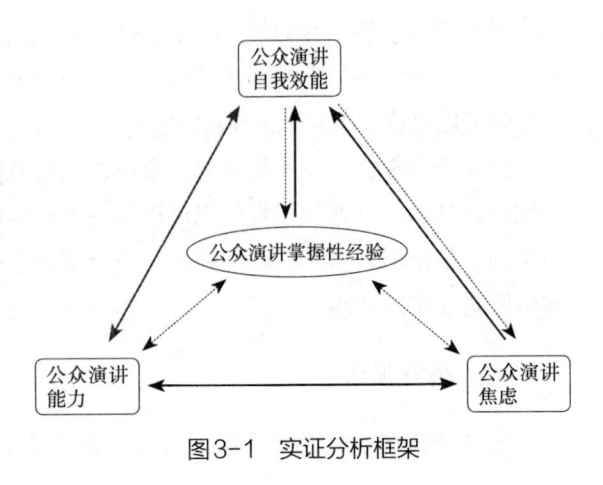

图3-1　实证分析框架

1. 公众演讲自我效能与公众演讲掌握经验和公众演讲焦虑

根据自我效能理论，自我效能信息来源于四个方面：一是掌握性经验，二是替代经验，三是言语说服，四是应激反应。就公众演讲活动而言，掌握性经验主要指在亲历公众演讲活动中形成的对掌控演讲活动的规律性认识，通俗的说法就是通过成功的演讲经历学习到的演讲经验，这是提高公众演讲自我效能的最主要的信息来源；替代经验是指虽然没有亲身参与公众演讲活动，但通过学习和观察形成的对自己在公众演讲活动中能力的自我认识，但这种间接经验必须要通过演讲者亲历检验；言语说服是自己或他人，特别是他人通过说服、表扬、鼓励等方式使演讲者相信自己具备公众演讲能力，但言语说服也需要通过演讲者亲历检验；应激反应是演讲过程中演讲者自我感受到的紧张焦虑程度，是亲历演讲活动的感受，而不是想象的。

就公众演讲活动而言，掌握性经验是公众演讲自我效能最主要、最根本的信息来源，其他三个信息来源最终都可以汇集到亲历的掌握经验中。另外，从测量的可行性上看，替代经验和言语说服很难测量。因此，本书分析的最核心的问题是公众演讲自我效能与公众演讲掌握经验之间的关系。鉴于公众演讲焦虑可以测量，将公众演讲焦虑纳入一并分析。

2. 公众演讲自我效能与公众演讲能力

公众演讲自我效能是个体对自身演讲能力的判断。一般看法，公众演讲能力越强，公众演讲自我效能就越高，但由于个人主观认知上存在的偏差，存在公众演讲自我效能与公众演讲能力不匹配的可能。但就统计学意义上讲，公众演讲自我效能与公众演讲能力应该是正相关的。

由于公众演讲能力的影响因素太多且为了方便测量，本书将公众演讲能力限定为一个人参加公众演讲活动时的行为表现。根据班杜拉的自我效能理论，效能信念中测量的能力在一些重要的方面不同于支配行为的能力，就此而言，人们不会期望效能信念和行为高度相关，它们测量的是不同类型的能力[86][94]。因此，本研究中的公众演讲能力与公众演讲自我效能又存在着不相关的可能。

公众演讲自我效能和公众演讲能力应该都同公众演讲掌握经验具有相关关系。公众演讲掌握经验越好，公众演讲自我效能和公众演讲能力越高。

因此，分析公众演讲自我效能与公众演讲能力（行为表现）的关系是本研究需要分析的第二个重要问题。

3. 公众演讲能力与公众演讲焦虑

对于公众演讲活动，公众演讲焦虑是不是越低越好？显然，答案是否定的。适度的公众演讲焦虑，不但不会影响演讲者的表现，反而会促进演讲者有更好的表现。

但由于公众演讲焦虑的普遍存在，特别是过度演讲焦虑对演讲表现的不良影响，人们自然把克服公众演讲焦虑作为提高公众演讲能力和公众演讲自我效能需要解决的首要问题。需要强调的是，我们要克服的是过度的公众演讲焦虑，随着演讲焦虑的下降，演讲者的表现会越来越好，公众演讲自我效能也会越来越高，但公众演讲焦虑的下降是递减的，直至下降到某个值，在这个值上公众演讲的表现是最好的，如果公众演讲焦虑继续下降，反而使公众演讲的表现变差。

所以，公众演讲能力（行为表现）与公众演讲焦虑应该是边际效应递减的关系，这一问题需要通过本研究来证明，特别需要研究是：能否找到那个适度紧张的点，或者说，适度紧张的程度是多少时，公众演讲的表现是最好的。

二、逻辑研究框架

基于以上需要解决的问题，构建了以下逻辑研究框架（图3-2）。本研究将分两个阶段展开。

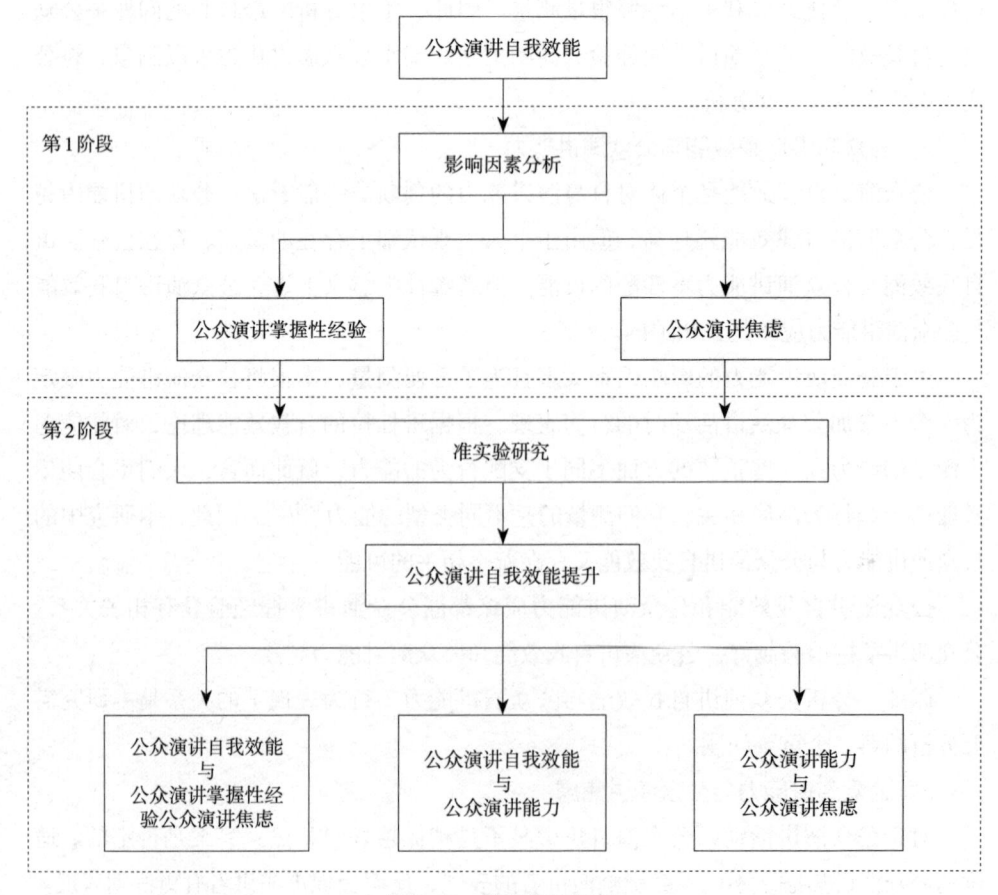

图3-2 逻辑分析框架

1. 第一阶段

第一阶段研究的目的在于确定影响大学生公众演讲自我效能信念形成的主要因素有哪些？性别、城乡、家庭经济状况、独生子女、学科专业、高考语文成绩、学生干部、学生活动、演讲课程、演讲经历、演讲技巧、演讲焦虑等因素中，哪些是影响公众演讲自我效能形成的主要因素。通过大样本数据分析，确定影响公众演讲自我效能信念形成的最主要的因素是公众演讲掌握性经验和公众演讲焦虑。

2. 第二阶段

基于公众演讲自我掌握经验和公众演讲焦虑是公众演讲自我效能信念形成的主要因素的判断，设计一项准实验研究。通过对实验组提供培训公众演讲掌握经验和实际参与演讲的实验刺激，提升实验组人员的公众演讲自我效能。并在公众演讲自我效能提升的基础上，进一步分析公众演讲自我效能与公众演讲掌握性经验和公众演讲焦虑、公众演讲自我效能与公众演讲能力、公众演讲能力与公众演讲焦虑之间的关系。

第三节 研究方法

教育研究方法的分类有很多种。如以研究的目标或目的为基础，可分为基础研究和应用研究；以定量-定性的连续性，可分为定量研究和定性研究；以对教育研究中使用的一般方法，可分为实验研究、准实验研究、非实验性定量研究、历史研究、人种学研究。[95]本研究属于应用研究和定量研究，主要采用了非实验性定量研究和准实验研究的方法。

一、非实验性定量研究

非实验性定量研究多是调查研究，通常使用问卷调查和访谈。公众演讲自我效能影响因素分析主要通过问卷调查的方法来完成。为此，设计并使用了以下问卷：

1. 大学生公众演讲状况调查问卷

《大学生公众演讲状况调查问卷》（附录1）为自行编制，主要依据自我效能理论，重点采集学生个体特征情况和与公众演讲自我效能形成有关的信息，该问卷共27个题目，通过SPSS对数据进行处理，变量名采用英文。具体包括：

- 性别：采用称名量表，设变量"male"，"男"取"1"，"女"取"0"。
- 城乡：采用称名量表，设变量"city"，"城镇"取"1"，"农村"取"0"。
- 地域：采用称名量表，先按省份进行测量，根据省份选择情况，按"东、中、西"部划分，并以西部为基准进行虚拟变量转换；设变量"east"，东部省份的取"1"，非东部省份取"0"；设变量"middle"，中部省份取"1"，非中部省份取"0"。

- 年龄：采用顺序量表，设变量"age"，"18岁以下"取"1"，"18–25岁"取"2"，"25岁以上"取"3"。
- 独生子女：采用称名量表，设变量"alone"，"独生子女"取"1"，"非独生子女"取"0"。
- 年级：采用顺序量表，设变量"class"，"一年级"取"1"，"二年级"取"2"，"三年级"取"3"，"四年级"取"4"。
- 学科专业：采用称名量表，先按"理工科、文科、艺术"进行测量，然后以"艺术"为基准进行虚拟变量转换；设变量"science"，"理工科"取"1"，"非理工科"取"0"；设变量"art"，"文科"取"1"，"非文科"取"0"。
- 入学成绩：采用顺序量表，设变量"score"，"本一"学生取"1"，"本二"学生取"2"，"本三"学生取"3"。
- 家庭经济状况，采用顺序量表，设变量"income"，"贫困"取"1"，"比较贫困"取"2"，"一般"取"3"，"较好"取"4"，"富裕"取"5"。
- 家庭教养方式，采用顺序量表，设变量"family"，"经常批评"取"1"，"批评比鼓励多"取"2"，"批评和鼓励一样多"取"3"，"鼓励比批评多"取"4"，"经常鼓励"取"5"。需要说明是，对"家庭教养方式"的测量有专业的量表，但由于"家庭教养方式"与"公众演讲自我效能"之间的关系并不是本研究的重点，且专业的"家庭教养方式"量表涉及题目太多，如果全部采用会影响答题者的耐心，为此，在这里只作简化测量。
- 高考语文分数：采用顺序量表，设变量"chinese_score"，"90分以下"取"1"，"90–100分"取"2"，"100–110分"取"3"，"110–120"取"4"，"120以上"取"5"。
- 班内综合排名：采用顺序量表，设变量"order"，"后几名"取"1"，"中下等"取2，"中等"取"3"，"中上等"取"4"，"前几名"取"5"。
- 学生干部：采用顺序量表，设变量"stu_cadres"，"没有担任过"取"1"，"宿舍长、团小组组长、学生组织干事"取"2"，"班委、学生组织部长及副部长"取"3"，"班长、团支书、学生组织主要负责人"取"4"。
- 学生社团：采用顺序量表，设变量"stu_association"，"没有参加过"取"1"，"只当过社员"取"2"，"担任过一般负责人"取"3"，担任过"主要负责人"取"4"。

- 学生活动：采用顺序量表，设变量"stu_activity"，"从来不参加"取"1"，"很少参加取"取"2"，"参加比较多"取"3"，"经常参加"取"4"。
- 身体素质：采用顺序量表，设变量"body"，"非常差"取"1"，"比较差"取"2"，"中等"取"3"，"比较好"取"4"，"非常好"取"5"。
- 性格：采用称名量表，设变量"extroversion"，"内向"取"0"，"外向"取"1"；需要说明的是，人格测量有专业量表，但由于"性格取向"与"公众演讲自我效能"之间的关系并不是本研究的重点，且专业的人格测量量表涉及题目太多，为保证问卷整体测量效果，对"性格"只作简化测量。
- 对待公众演讲的态度：采用顺序量表，设变量"spe_attitude"，"非常不重要"取"1"，"不重要"取"2"，"一般"取"3"，"重要"取"4"，"非常重要"取"5"。
- 对提高公众演讲能力的付出：采用顺序量表，设变量"spe_effort"，"没有付出"取"1"，"有一点付出"取"2"，"有一些付出"取"3"，"付出很多"取"4"。
- 参加演讲类课程情况：采用称名量表，设变量"spe_course"，"没参加过"取"0"，"参加过"取"1"。
- 阅读演讲类书籍情况：采用称名量表，设变量"spe_book"，"没有读过"取"0"，"读过"取"1"。
- 演讲技巧掌握情况：采用顺序量表，设变量"spe_skill"，"一点也不了解"取"1"，"了解一些但是没有应用过"取"2"，"掌握一些并应用过"取"3"，"能够熟练地运用演讲技巧"取"4"，"自己总结出了一些演讲技巧"取"5"。
- 演讲经历：采用顺序量表，设变量"spe_time"，"0次"取"1"，"1-2次"取"2"，"3-5次"取"3"，"5次以上"取"4"。
- 演讲能力形成最重要时期：采用称名量表，先按"小学、初中、高中、大学"进行测量，然后以"大学"为基准进行虚拟变量转换；设变量"school_1"，"小学"取"1"，"非小学"取"0"；设变量"school_2"，"初中"取"1"，"非初中"取"0"；设变量"school_3"，"高中"取"1"，"非高中"取"0"。
- 制约演讲能力提高的主要因素：采用称名量表，先按"没有锻炼机会、没有学习演讲知识、没有老师指导、知识储备不够"进行测量，然后以"知识储备不够"为基准进行虚拟变量转换；设变量"spe_cause_practice"，"没有锻炼机会"取"1"，其他取"0"；设变量"spe_cause_speknowledge"，"没有学习演讲知识"取"1"，其他取"0"；设变量"spe_cause_teacher"，"没有老师指导"取"1"，其他取"0"。
- 所处有演讲阶段：采用称名量表，设变量"un_anxious"，"能控制演讲焦虑，想提高演讲的精彩性"取"1"，"还处于克服演讲焦虑阶段"取"0"。

- 大学期间对自身成长影响最大的因素：采用称名变量，设变量"univ_cause"，"课程学习"取"1"，"教师指导"取"2"，"学长及优秀学生榜样"取"3"，"参与学生活动"取"4"。

2. 公众演讲自我效能自陈量表

目前，国内还没有一份专门的用于测量公众演讲自我效能的量表。为此，在参考国外研究的基础上，编制了一份符合中国文化的《公众演讲自我效能自陈量表》（附录2）。该量表从四个维度，即内容、结构、对象、表现，对公众演讲自我效能情况进行测量，共有20个题目。通过信效度分析，该量表具有良好的信效度，可以作为公众演讲自我效能的测量工具。

3. 公众演讲状态焦虑自陈量表

当前，与测量公众演讲焦虑有关的量表主要有两种，分别是《交流恐惧自陈量表（PRCA-24）》和《演讲者信心自评量表（PRCS）》。研究表明，这两种量表都具有良好的信效度。由于《演讲者信心自评量表（PRCS）》主要通过"是""否"回答进行测量，较为单一，且从名称上看，有与《公众演讲自我效能自陈量表》重复的嫌疑，所以本研究选用了《交流恐惧自陈量表（PRCA-24）》中专门针对公众演讲活动部分的问题，对公众演讲焦虑状况进行测量，共有5个题目（附录3）。

4. 大学生归因方式问卷

归因方式，又称解释风格，是指个体对事件发生的原因习惯上倾向于作怎样的解释[96]，事件一般分为好的事情和坏的事情，测量的维度包括内外向、稳定性和广泛性。有研究显示，大学生在对正性事件进行归因时，倾向于做出内在的、整体的和持久的归因；在对负性事件进行归因时，倾向于做出内在的、局部的和暂时的归因[97]。本书选用了华东师范大学的李国瑞、李成齐编写的《大学生归因方式问卷》（附录4），经检测，该问卷具有比较好的信度和效度。

在确定调查问卷后，通过"试卷星"工具进行调研。面向河北某高校全体学生随机发放问卷，要求覆盖到所有年级的学生。经统计，共有1607人参与了答题。

根据统计结果进行定量分析，主要采用回归分析、相关性分析等方法。

二、准实验研究

在对公众演讲自我效能形成主要影响因素分析的基础上，设计提高公众演讲自我效能的培训方法，然后通过教育实验对这一方法进行验证，并进一步检验公众演讲自我效能与公众演讲掌握性经验和公众演讲焦虑之间的关系，以及公众演讲表现与公众演讲焦虑之间的关系。

1. 实验概述
- 选取两组学生，一组为实验组，另一组为对照组。
- 对两组学生分别进行前测，测量每一个人的公众演讲自我效能情况。
- 对实验组学生进行公众演讲技巧培训，主要包括五个方面：一是换位思考，要以观众为中心设计演讲主题和内容；二是脱稿要以讲为主，而不是背诵演讲稿，因此，要根据演讲主题和内容列出演讲提纲以及重要的提示词，而不是写出完整的演讲稿进行背诵；三是想一个能吸引人的开头，可以是一个能引发人们思考的问题，也可以是一个精彩的小故事等；四是演讲内容要有故事的设计，故事可以是别人的，也可以是自己的，但故事必须是与主题有关且能吸引观众注意、引发观众共鸣的；五是进行自我暗示，演讲前进行深呼吸并对自己反复说："相信自己，一定行"。
- 让实验组学生面对观众进行5次3~5分钟脱稿公众演讲。5次演讲主题均为开放式问题且与大学生成长相关，分别是：谈理想、谈学习、谈挫折、谈创业、谈成功。在学生每次演讲过程中，记录其演讲焦虑状况，通过对心率、脑电波的测量来实现；安排10名评委对其演讲表现情况进行打分，记录每一次演讲的表现。
- 实验组学生每周进行一次公众演讲。为减少演讲次序对演讲效果的影响，演讲主题提前一周告知演讲学生，学生利用一周时间进行准备，这样就有效地降低了实际演讲时因演讲次序不同而产生的准备时间上的差异对演讲者造成的影响。
- 在实验组学生开展5次演讲期间，不对对照组学生施加额外影响，对照组学生参与正常的学习生活。
- 实验组学生完成5次演讲后，再次测量实验组和对照组学生公众演讲自我效能情况，完成后测。

2. 研究对象

为方便实验的组织和操作，以整班作为研究对象，因此，该实验为准实验研究。为了尽可能提高该实验的效度，在研究对象的选择上做了以下考虑：

- 研究对象的年级相同。本研究选择的研究对象均为一年级刚入学大学生。选择一年级刚入学大学生的主要原因在于，他们刚刚入学，受外界的影响还比较少，特别是参加活动比较少，这时对他们施加公众演讲活动影响效果较为突出。
- 研究对象的专业类别相同。本研究选择的研究对象均为理工科学生。
- 研究对象高考入学分数相近。从化工学院、电气学院、信息学院、材料学院、建工学院各选择两个班级的学生。这五个学院学生高考入学分数相近，且在各学院两个班级选择上，全部选择的是同专业的班级。

3. 测量工具

实验中，要对被试的公众演讲自我效能、公众演讲焦虑、公众演讲表现进行评价，采用的测量工具有：

- 公众演讲自我效能自陈量表（附录2）。
- NeuroSky Mindwave Mobile。Mindwave Mobile是神念科技（NeuroSky）公司推出的一款用于意念控制的头戴式设备。该设备是为脑波技术的消费者开发的干式传感器系统，可以方便地实现对一个人脑电波实时状况的测量。研究表明，与广泛应用于医学的湿式电级脑电系统（Biopac）相比，神念科技公司的脑电系统具有相同的精准度[98]，并且已有学者利用Mindwave Mobile对脑电领域进行了有关研究[99,100]。神念科技公司基于测量的脑电波数据，通过科学的算法，提供了一些能够更好反映大脑状况的指标，这些指标主要包括专注度指数、放松度指数、眨眼检测等。专注度指数和放松度指数主要反应被试的注意力和放松情况，这两个指数值的范围是0到100，每秒钟输出一个数值。眨眼检测主要输出被试眨眼时的数值，眨眼的强度越大，数值越大，且每眨眼一次输出一个数值。本研究使用该设备，旨在实现对演讲者演讲过程中脑电波数据的采集，通过计算被试的放松度指数和眨眼检测数据，反映演讲者演讲过程中的焦虑（紧张）程度。
- Polar（博能）心率表。芬兰的Polar心率表是在我国体育界运动训练中普遍的仪器之一，它可以实时监测使用者的心率情况，监测方法主要通过记录R-R间期来实现。R-R间期指逐次心跳的间期[101]，平均R-R间期对应激有很灵敏的反应，是外周自主反应的传统指标[102]。公众演讲被认为是现实生活中自然应激的类似物，具备很高的生态效度[102]。因此，通过测量被试的R-R间期，对于掌握被试在公众演讲期间的应激（紧张）状况具有重要价值。而Polar表可以实时记录配戴者的这一生理指标，并且具有比较好的信度和效度。
- 公众演讲评价量表。公众演讲评价量表旨在对演讲者演讲过程中的行为表现进行测量，主要通过第三方打分的形式来实现。本研究中使用的"公众演讲评价量表"参考了斯坦福大学沟通课使用的评价方法[26]，从演讲内容和演讲风格两个维度对演讲者的行为表现进行量化打分。该量表具有10个指标，其中演讲内容方面有4个指标，主要测量演讲者在观点、语言、传递的信息等方面对听众的感染力；演讲风格方面有6个指标，主要测量演讲者的演讲状态，特别是焦虑、紧张的情况（附录5）。

第四节　研究假设

基于研究目的、理论基础和研究设计，本书确定了以下三方面的研究假设。

一、公众演讲掌握经验和公众演讲焦虑对公众演讲自我效能有显著影响

公众演讲自我效能相关影响因素非常多。依据自我效能理论，公众演讲掌握经验和公众演讲焦虑是公众演讲自我效能形成的重要信息来源，为此，提出如下假设：

（1）公众演讲掌握经验对公众演讲自我效能有显著的正向影响。

（2）公众演讲焦虑对公众演讲自我效能有显著的负向影响。

在以上研究基础上，进一步探讨与公众演讲自我效能相关的影响因素。一是探讨学生一般特征与公众演讲自我效能之间的关系，如性别、城乡、独生子女、家庭经济状况等与公众演讲自我效能是什么关系；二是探讨学生大学期间学业、参加学生活动等特征与公众演讲自我效能之间的关系，如学科专业、高考语文分数、参加学生活动情况等与公众演讲自我效能是什么关系；三是探讨学生心理特征与公众演讲自我效能之间的关系，主要研究归因方式与公众演讲自我效能之间是什么关系。

二、公众演讲自我效能对公众演讲能力有显著的正向影响

尽管自我效能和行为表现测量的不是同一种能力，但本书还是倾向于公众演讲自我效能与公众演讲行为表现具有正相关性，即一个人公众演讲自我效能越高，其公众演讲能力表现越好。

三、公众演讲焦虑对公众演讲能力有显著的负向递减影响

公众演讲焦虑并不是越低越好，越来越多的证据说明，适度的公众演讲焦虑有利于公众演讲表现，因此，提出如下假设：公众演讲焦虑对公众演讲能力有显著的负向递减影响。

第四章　公众演讲自我效能评价问卷设计

目前，国内还没有一份专门用于测量大学生公众演讲自我效能的问卷。本章将结合国外的相关研究，编制一份符合中国文化的大学生公众演讲自我效能评价量表。

第一节　问卷编制

自我效能是对自己能力的一种感知，这种感知具有领域特定性的。我们很少谈一般自我效能，因为个人效能的一般指标与有关特定活动领导的效能信念没有关系，与行为也没有关系[61,62]。因此，自我效能的测量应该是针对特定领域的，公众演讲自我效能感的测量也是针对公众演讲活动的。

目前，国内关于公众演讲方面的研究主要集中于公众演讲焦虑，采用的测量工具主要有两个：一是《交流恐惧自陈量表（PRCA-24）》；二是《演讲者信心自评量表（PRCS）》。关于公众演讲自我效能的研究很少且没有专门的测量工具。

通过查阅相关文献发现，国外关于公众演讲自我效能方面的研究相对较多，并有研究者提供了一份包含34个问题的公众演讲自我效能问卷[103]。该问卷从四个维度进行设计的，即内容、结构、对象、表现。"内容"是指演讲者对演讲内容的自信程度，即所演讲的内容听众是否能听懂，是否能有效表达要表达的意思；"结构"是指演讲内容的布局是否合理，是否注意开头和结尾，是否注意论点的分层次；"对象"指面对不同听众的演讲，如生人与熟人、同学与老师、专家与其他等；"表现"是指演讲者演讲时的自我感觉，如是否紧张，是否有控制能力等。

为准确表达国外这份公众演讲自我效能问卷的含义，由1名在英国留学一年以上的留学生对此问卷进行初步翻译，然后请国内2名英语教师做了进一步修改。但由于中西方文化的差异，一些问题似乎仍然不适合在国内使用。如"我可以对家庭成员进行有效的演讲"的问题在中国很难适用，我们的文化使我们很少有机会面对家庭成员进行演讲。类似这样的问题需要去掉。另外，该问卷还有一些重复的问题，如"我可以在课堂面向同学进行有效的演讲"和"我可以对我的朋友进行有效的演讲"，这两个问题都是考察面对熟人的演讲自我效能，但对大学生而言，前一种表述比后一种表述更有现实感，因此保留前一种表述，去掉后一种表述。基于以上这些考虑，共去掉了14个题目，保留了20个题目。这20个题目仍然按"内容"（第1/6/9/10题）、"结构"（第2/4/8/17/20题）、"对象"（第3/7/11/16题）、"表现"（第5/12/13/14/15/18/19题）四个维度划分；效能强度选择从"1"到"6"，分别代表从"完全不符合"到"完全符合"，具体如表4-1所示。

表4-1 公众演讲自我效能量表

序号	对于以下说法有多少程度符合自身情况？	非常不符合-非常符合					
1	我在演讲时其他人可以听懂理解我	1	2	3	4	5	6
2	我可以发表一个经过组织构思的演讲	1	2	3	4	5	6
3	我可以在课堂面向同学进行有效的演讲	1	2	3	4	5	6
4	我可以将我的演讲内容控制在二至四个中心观点	1	2	3	4	5	6
5	我可以脱稿进行演讲	1	2	3	4	5	6
6	我可以在演讲时使用生动的词汇	1	2	3	4	5	6
7	我面对来自专业领域的观众可以进行有效的演讲	1	2	3	4	5	6
8	在演讲的开头我可以抓住观众眼球	1	2	3	4	5	6
9	我可以用论据完全支撑我的主要观点	1	2	3	4	5	6
10	我可以使用多样的论据去支撑观点	1	2	3	4	5	6
11	我可以对我的老师进行有效的演讲	1	2	3	4	5	6
12	我可以确保在演讲中90%的时间与观众有眼神交流	1	2	3	4	5	6
13	我可以控制音调的高低来使演讲更加有感染力	1	2	3	4	5	6
14	在演讲中我可以使用有效的视觉辅助（如PPT或视频）	1	2	3	4	5	6
15	我可以控制自己不在演讲中颠来倒去	1	2	3	4	5	6
16	我可以对陌生人进行有效的演讲	1	2	3	4	5	6
17	我可以在演讲的主要论点之间进行有创意的过渡	1	2	3	4	5	6
18	我可以有效地控制演讲时间	1	2	3	4	5	6
19	我可以在演讲中使用有益的手势	1	2	3	4	5	6
20	我会在结束演讲时进行主要观点的总结	1	2	3	4	5	6

第二节 对象与方法

一、研究对象

从河北一所本科院校中随机抽样部分学生作为初试对象，使用"问卷星"发放问卷，共回收问卷1607份。问卷发放涵盖了本科四个年级和绝大部分学科专业。经统计，其中男生737人，女生870人；大一学生535人，大二学生572人，大三学生304人，大四学生196人；理工科学生981人，文科学生356人，艺术学生270人。60天后，其中159人又进行了重测。公众演讲自我效能量表初试对象情况如表4-2所示。

表4-2 公众演讲自我效能量表初试对象情况统计

		人数	比例
性别	男	737	45.9%
	女	870	54.1%
年级	大一	535	33.3%
	大二	572	35.6%
	大三	304	18.9%
	大四	196	12.2%
专业	理工	981	61.0%
	文	356	22.2%
	艺术	270	16.8%

二、数据处理及方法

运用SPSS19.0对数据进行处理并进行信度分析，主要使用克朗巴哈 α 系数来测量。运用AMOS17.0进行验证性因素分析。公众演讲自我效能量表初试对象答题情况如表4-3所示。

表4-3 公众演讲自我效能量表初试对象答题情况统计

序号	内容	均值	标准差	有效数
1	我在演讲时其他人可以听懂理解我	3.97	1.055	1607
2	我可以发表一个经过组织构思的演讲	3.69	1.225	1607
3	我可以在课堂面向同学进行有效的演讲	3.86	1.155	1607
4	我可以将我的演讲内容控制在二至四个中心观点	3.58	1.128	1607
5	我可以脱稿进行演讲	3.42	1.245	1607
6	我可以在演讲时使用生动的词汇	3.41	1.106	1607
7	我面对来自专业领域的观众可以进行有效的演讲	3.21	1.133	1607
8	在演讲的开头我可以抓住观众眼球	3.31	1.165	1607

续表

序号	内容	均值	标准差	有效数
9	我可以用论据完全支撑我的主要观点	3.44	1.102	1607
10	我可以使用多样的论据去支撑观点	3.49	1.093	1607
11	我可以对我的老师进行有效的演讲	3.34	1.082	1607
12	我可以确保在演讲中90%的时间与观众有眼神交流	3.35	1.201	1607
13	我可以控制音效的高低来使演讲更加有感染力	3.45	1.192	1607
14	在演讲中我可以使用有效的视觉辅助（如PPT或者视频）	3.64	1.147	1607
15	我可以控制自己不在演讲中颠来倒去	3.52	1.113	1607
16	我可以对陌生人进行有效的演讲	3.51	1.129	1607
17	我可以在演讲的主要论点之间进行有创意的过渡	3.39	1.104	1607
18	我可以有效地控制演讲时间	3.62	1.097	1607
19	我可以在演讲中使用有益的手势	3.51	1.098	1607
20	我会在结束演讲时进行主要观点的总结	3.73	1.148	1607

第三节　检验与分析

一、信度检验

经检验，总问卷的克朗巴哈 α 系数为0.969，各维度的克朗巴哈 α 系数："内容"为0.868，"结构"为0.886，"对象"为0.857，"表现"为0.92。随机抽取159人间隔60天后重测，总问卷的重测信度0.959，各维度的重测信度："内容"为0.823，"结构"为0.847，"对象"为0.855，"表现"为0.897，具体如表4-4所示。

二、结构效度

对标准测量模型a（四个因子）进行拟合检验，相关拟合指数如表4-5所示。

三、效标效度

本研究选择"交流恐惧自陈量表（PRCA-24）"作为公众演讲自我效能量表的效标。研究证明，"交流恐惧自陈量表（PRCA-24）"具有良好的信度和效度，且与公众演讲自我效能呈显著负相关（$P<0.01$），具体如表4-6所示。

表4-4　公众演讲自我效能量焦虑信度检验

	样本	内容	结构	对象	表现	总问卷
α系数	1607	0.868	0.886	0.857	0.92	0.969
重测信度	159	0.823	0.847	0.855	0.897	0.959

表4-5　标准测量模型的整体拟合指数

MODEL	CMIN	DF	CMIN/DF	NFI	RFI	IFI	CFI	RMSEA
模型a	1786	164	10.8	0.935	0.925	0.941	0.941	0.078

表4-6　公众演讲自我效能与公众演讲焦虑相关性分析

	演讲自我效能	演讲焦虑
演讲自我效能	—	—
演讲焦虑	−.527**	—

四、效度分析

对该问卷的验证性因素分析结果显示，CMIN/DF为10.8，超出相关标准，但由于本研究中使用的是大样本，CMIN/DF指标被拒绝的可能性非常大，所以需要通过其他指标来判断。具体来说，NFI、RFI、IFI、CFI等值均在0.9以上，RMSEA小于0.08，这些指标均符合测量学标准，说明"公众演讲自我效能问卷"具有良好的结构效度。通过与"交流恐惧自陈量表"的相关性分析，表明"公众演讲自我效能问卷"具有良好的效标效度。

五、信度分析

根据信度检验，克朗巴哈α系数为0.969，且四个因子的克朗巴哈α系数均在0.8以上，说明"公众演讲自我效能问卷"具有良好的内部一致性，具有良好的信度；问卷重测信度为0.959，说明"公众演讲自我效能问卷"具有良好的稳定性。

综上，该问卷具有良好的信效度，可以作为公众演讲自我效能的测量工具。

第五章　公众演讲自我效能影响因素分析

根据自我效能理论，自我效能来源于四个方面：掌握经验、替代经验、言语说服和应激反应。依照这一思路，公众演讲自我效能应来源于对公众演讲活动的掌握性经验（如对演讲技巧的掌握）、通过观察别人活动形成的替代经验（如一个平时能力跟自己差不多的人能够进行公众演讲从而认为自己也能完成相同的任务）、其他人对自己公众演讲能力的评价和公众演讲过程中对演讲焦虑的应激体验。但考虑现实经验，大学生公众演讲自我效能是不是还有其他影响因素，比如，性别对大学生公众演讲效能是否有影响？社会经济地位对大学生公众演讲效能是否有影响？大学生公众演讲自我效能在城乡方面是否有差异等。本章主要探讨影响大学生公众演讲自我效能的各方面因素，并通过建立相关计量模型进行深入分析，最终确定影响大学生公众演讲自我效能的关键性因素，为进一步开展提高大学生公众演讲自我效能的相关活动提供理论基础。

第一节　计量模型及估计方法

在设计大学生公众演讲自我效能计量模型时，不仅要依据自我效能等相关理论，还要结合现实经验，将理论需要和现实要求的变量纳入模型之中进行统一分析。

一、自变量

大学生公众演讲自我效能计量模型的因变量自然是大学生公众演讲自我效能，而自变量的选择主要从三个方面考虑。

1. 根据自我效能理论确立的变量

自我效能理论明确了四个方面的自我效能感的信息来源。在这四方面信息来源中，最主要、量直接的信息来源是掌握性经验。就公众演讲活动而言，掌握经验就是通过亲自参与公众演讲活动而获得的对公众演讲技巧的掌握情况，公众演讲技巧掌握的越好，公众演讲掌握经验就越好，公众演讲自我效能就越高；另外两个公众演讲自我效能的信息来源——替代性经验和言语说服——是依赖于公众演讲掌握经验的，因为无论是替代性经验（见到跟自己能力差不多的人可以演讲得很好，便认为自己也能演讲好），还是言语说服（别人说你演讲得好），最终都要通过亲历的掌握性经验来检验，也就是说，对于公众演讲活动，其自我效能感是必须通过真实参与公众演讲活动才能获得的，替代性经验和言语说服对公众演讲自我效能感的提升是不能独立存在的；最后一个信息来源——应激状态，就是公众演讲焦虑。鉴于以上分析和指标测量的可行性，将公众演讲掌握经验和公众演讲焦虑作为自变量。

（1）公众演讲掌握经验。一是测量公众演讲技巧，操作方法是让被试直接报告公众演讲技巧的掌握情况；二是测量掌握公众演讲技巧的相关条件，包括为提高公众演讲技巧付出的努力、参加公众演讲课程情况、阅读公众演讲类书籍情况、参加学生活动情况、是否是学生干部、演讲经历等。

（2）公众演讲焦虑。让被试报告自己公众演讲焦虑情况。

2. 根据实际经验确立的变量

这类变量主要是根据日常经验判断确立，需要进一步检验，具体如表5-1所示。

（1）性别。通过对某大学一年中涉及演讲以及需要演讲的活动（如演讲比赛、评先评优、学生干部竞聘）结果的不完全统计，女生演讲效果优于男生演讲效果，也就是说，在这些与演讲有关的活动中，女生的表现比男生要好。

（2）城乡。来自城市的学生比来自农村的学生有更多参与各类活动特别是正式社交活动的机会，他们在公众演讲自我效能方面的表现是否有差别。

（3）地域。东部、中部、西部省份生源的学生在公众演讲自我效能方面是否有差别。

（4）是否独生子女。一般情况，独生子女比非独生子女会得到父母的更多关注，独生子女的自我意识比较强，这会不会影响到公众演讲自我效能。

（5）年级。随着入学年级的增加，学生的综合素质应该得到提高，公众演讲自我效能是否也得到相应的提高。

（6）学科专业。理工科学生、文科学生和艺术生在公众演讲自我效能方面是否有差异。一般认为，文科生公众演讲能力优于理科生；由于艺术学生参加艺考需要面试，他们得到锻炼机会多，那么，艺术生公众演讲自我效能是否会高于理工科和文科学生。

（7）入学成绩。本一、本二、本三学生在公众演讲自我效能方面是否有差异。

（8）家庭收入。社会经济地位包括家庭收入、父母职业以及父母的受教育程度等，一般认为，学生的学校表现与社会经济地位密切相关，社会经济地位高的学生取得更优异的学业成绩，而社会经济地位低的学生从学生辍学的可能性更高[104]。那么，在公众演讲表现方面是否也是这样？社会经济地位越高的学生，公众演讲自我效能也越高。

（9）家庭教养方式。父母是孩子的第一老师，许多优秀的学生和许多有问题的学生最终都能从他的家庭情况中找到原因。因此，良好的家庭教养方式对学生人格以及素质能力具有重要影响。那么，家庭教养方式对大学生公众演讲自我效能是否有影响？

（10）高考语文分数。语文就是语言学习，语文学习的越好，公众演讲自我效能是否越高？

（11）班内综合排名。大学每年都要对学生的综合素质进行排名，以及作为获得奖学金的重要依据。班内综合排名越高的学生，其综合素质越高，其公众演讲自我效能是否越高？

（12）性格。性格外向的学生是不是比性格内向的学生更具公众演讲能力，公众演讲自我效能是否越高。

表5-1　变量描述

speaking_selfefficacy	公众演讲自我效能
male	性别
city	城乡
east	东部省份
middle	中部省份
alone	独生子女
class	年级
science	理工科
art	文科
score	入学成绩
income	家庭经济状况
family	家庭教养方式
chinese_score	高考语文分数
order	班内综合排名
stu_cadres	学生干部
stu_association	学生社团
stu_activity	学生活动
extroversion	性格
spe_skill	公众演讲技巧掌握情况
spe_effort	对提高公众演讲能力的付出
spe_course	参加演讲类课程情况
spe_book	阅读演讲类书籍情况
spe_time	参与演讲类活动的次数
spe_anxiety	公众演讲焦虑
attributional_style1	正性事件的解释风格
attributional_style2	负性事件的解释风格

3. 根据探索性需要确立的变量

公众演讲是大多数人都惧怕的活动，而且公众演讲掌握经验的获得也不是一蹴而就的。绝大多数人初次演讲的体验都不会太好，也就是说头几次演讲失败是很正常的事情。面对演讲失败，如果能够从自身找原因，认为是自己参与演讲的机会少、自己的努力不够，那么，这么思考的人就会有更多的动机参与更多次的公众演讲，其公众演讲能力就会得到提升，公众演讲自我效能也应提升。为此，引入解释风格变量。

解释风格可以通过一种叫作归因模式问卷的自陈式问卷进行测量，这种问卷给人们提供了一些假想发生的事件，然后让答题都给出每一事件的"主要原因"。之后，答题者从内在性、稳定性、广泛性三个维度对每一种原因进行分级。这三个维度上的分级会被综合起来，并按照正性事件和负性事件分开进行解释[105]。

（1）正性事件的释风格。当一件事情做成了，如果将成功的原因归结于自己的努力，那么就会增加自己这方面的自我效能。因此，正性事件的解释风格与公众演讲自我效能应该正相关。

（2）负性事件的解释风格。当一件事情失败了，如果将失败的原因归结于自己，尽管这样可能会增加自己的心理负担、不利于心理健康，但就公众演讲活动而言，会进一步发展为两种结果：一是继续努力，直到成功；二是选择放弃。第一种结果会使公众演讲自我效能得到提升，第二种结果会使公众演讲自我效能降低。

二、模型

公众演讲自我效能与相关影响因素的计量模型可以写成：

$$\begin{aligned}
speaking\_selfefficacy &= \beta_0 + \beta_1 male + \beta_2 city + \beta_3 east + \beta_4 middle + \beta_5 alone \\
&+ \beta_6 class + \beta_7 science + \beta_8 art + \beta_9 score + \beta_{10} income \\
&+ \beta_{11} family + \beta_{12} chinese\_score + \beta_{13} order + \beta_{14} stu\_cadres \\
&+ \beta_{15} stu\_association + \beta_{16} stu\_activity + \beta_{17} extroversion \\
&+ \beta_{18} spe\_skill + \beta_{19} spe\_effort + \beta_{20} spe\_course + \beta_{21} spe\_book \\
&+ \beta_{22} spe\_time + \beta_{23} spe\_anxiety + \beta_{24} attributional\_style1 \\
&+ \beta_{25} attributional\_style2 + \mu
\end{aligned}$$

（式5.1）

三、方法

对（式5.1）进行回归分析的方法遵循以下步骤：

（1）运用普通最小二乘法（OLS）估计。

（2）根据回归结果，进行假设检验及异方差检验；
（3）如果存在异方差，则运用加权最小二乘法（WLS）重新估计。

第二节　数据采集及描述性统计

被试来源于对某高校学生的随机抽样，共1607人。被试填写了《大学生公众演讲状况调查问卷》《公众演讲自我效能自陈量表》《公众演讲状态焦虑自陈量表》《大学生归因方式问卷》。

一、大学生公众演讲状况统计

详细统计情况如表5-2所示。

表5-2　大学生公众演讲状况统计

基本信息	分类	人数	比例（%）
性别	男	737	45.9
	女	870	54.1
城乡	城镇	533	33.2
	农村	1074	66.8
区域	东部	1395	86.8
	中部	156	9.7
	西部	56	3.5
是否独生子女	是	513	31.9
	否	1094	68.1
家庭经济状况	贫困	302	18.8
	比较贫困	354	22.0
	一般	883	54.9
	较好	58	3.6
	富裕	10	0.6
年级	大一	535	33.3
	大二	572	35.6
	大三	304	18.9
	大四	196	12.2

续表

基本信息	分类	人数	比例（%）
学科专业	理工	981	61.0
	文	356	22.2
	艺术	270	16.8
入学成绩	本一	696	43.3
	本二	472	29.4
	本三	439	27.3
高考语文成绩	<90分	102	6.3
	90~100分	402	25.0
	100~110分	621	38.6
	110~120分	352	21.9
	>120分	130	8.1
班内综合排名	后五名	56	3.5
	中下等	156	9.7
	中等	575	35.8
	中上等	400	24.9
	前五名	420	26.1
学生干部	没有担任过	305	19.0
	宿舍长、团小组组长、学生组织干事	287	17.9
	班委、学生组织部长及副部长	412	25.6
	班长、团支书、学生组织主要负责人	603	37.5
学生社团	没有参加过	267	16.6
	只当过社员	853	53.1
	担任过一般负责人	275	17.1
	担任过主要负责人	212	13.2
学生活动	从来不参加	54	3.4
	很少参加	697	43.4
	参加比较多	559	34.8
	经常参加	297	18.5
家庭教养方式	经常批评	46	2.9
	批评比鼓励多	206	12.8
	批评和鼓励一样多	646	40.2
	鼓励比批评多	509	31.7
	经常鼓励	200	12.4

续表

基本信息	分类	人数	比例（%）
性格	内向	700	43.6
	外向	907	56.4
对待公众演讲的态度	非常不重要	26	1.6
	不重要	16	1.0
	一般	151	9.4
	重要	847	52.7
	非常重要	567	35.3
对提高公众演讲能力的付出	没有付出	330	20.5
	有一点付出	674	41.9
	有一些付出	520	32.4
	付出很多	83	5.2
参加演讲类课程	没有	1385	86.2
	有	222	13.8
阅读演讲类书籍	没有	1077	67.0
	有	530	33.0
演讲技巧掌握情况	一点也不了解	396	24.6
	了解些但没有应用过	812	50.5
	掌握一些并应用过	331	20.6
	能够熟练运用	26	1.6
	自己总结出一些技巧	42	2.6
参加演讲类活动次数	0次	712	44.3
	1~2次	613	38.1
	3~5次	186	11.6
	5次以上	96	6.0
认为演讲能力形成的最重要时期	小学	216	13.4
	初中	394	24.5
	高中	382	23.8
	大学	615	38.3
认为制约演讲能力提高的主要因素	没有锻炼机会	425	26.4
	没有学习演讲知识	269	16.7
	没有老师的指导	164	10.2
	知识储备不够	749	46.6

续表

基本信息	分类	人数	比例（%）
认为自己所处的演讲阶段	还处于克服演讲焦虑阶段	106	66.3
	能控制演讲焦虑，想提高演讲的精彩性	542	33.7
认为大学期间对自己影响最大的	课程学习	392	24.4
	教师指导	283	17.6
	学长及优秀榜样	282	17.5
	参与学生活动	650	40.4
观测次数=1607			

根据统计情况，我们可以初步获取以下信息：

1. 被试学生的特征

在参与调查的所有学生中，男女比例基本相当；来自农村的学生多于城镇的学生，大概是2∶1的比例；有1/3的人是独生子女。

调查覆盖了所有年级、所有学科专业的学生。一到四年级占比分别为：33.3%、35.6%、18.9%、12.2%，一二年级学生较多；理工、文、艺术占比分别为：61.0%、22.2%、16.8%，大部分是理工科学生，这符合该校的特点。

被调查学生的高考语文分数符合正态分布N（3,1.023），这同预期是一致的。

在体现学生综合素质的指标方面，班内综合排名涵盖了从差到好的所有类别的学生，但排名靠前的学生多于排名靠后的学生，中等以上的学生占比51.0%，中等以下学生占比13.2%；担任过学生干部的学生占到了81.0%，其中，一般学生干部到主要学生干部的分布比较均衡；学生参加学生社团的情况是，有16.6%的人没有参加过，在参加过的学生中，大多数学生只当过社员；在参加学生活动中，有3.4%的人从来不参加，参加比较少的占到了43.4%，参加比较多的34.8%，经常参加的占18.5%。

在相关心理学指标测量方面，性格内向的学生占43.6%，外向的占56.4%；家庭教养方式分布中，经常批评的占2.9%，批评比鼓励多的占12.8%，批评和鼓励一样多的占40.2%，鼓励比批评多的占31.7%，经常鼓励的占12.4%，可见，大多数学生家庭教养方式是比较好的。需要说明的是，对性格和家庭教养方式的测量有专业的量表，但那些量表都比较复杂，且性格和家庭教养方式并不是本研究的重点，为保证主要指标的测量效率，所以，在这里对性格和家庭教养方式只做一般测量，作为参考。

2. 被试学生对待公众演讲的态度

绝大多数学生认为公众演讲很重要，认为"不重要"和"非常不重要"的只占到了2.6%。这说明，学生对待公众演讲是非常重视的，能够充分认识到提高公众演讲能力的重要性，也就非常有意愿通过努力提高自己公众演讲能力。但通过下面的分析，我们可以看到，尽管学生提高公众演讲能力的意愿很强，但真正的付出却远远不够，对公众演讲技巧的掌握也比较差。

3. 被试学生参与公众演讲活动的情况

在对提高公众演讲能力的付出方面，认为自己付出很多的只有5.2%，大部分人是没有付出和只有一点付出，占到了62.4%。从其他指标上也可以看出学生的付出比较少，86.2%的人没有参加过演讲类课程，67.0%的人没有阅读过演讲类书籍，参加过3次以上演讲类活动的只占17.6%。

一方面，认为公众演讲很重要，但另一方面，为提高公众演讲能力的付出却很少。这说明，大部分学生是希望提高公众演讲能力的，但由于种种原因参与公众演讲活动的机会却很少，对提高公众演讲活动的努力不够。

二、主要量表统计

本研究中主要使用量表有《公众演讲自我效能自陈量表》《公众演讲状态焦虑自陈量表》《大学生归因方式问卷》。通过这些量表主要测量的指标有"公众演讲自我效能""公众演讲焦虑""正性事件的解释风格""负性事件的解释风格"。这些指标统计情况如表5-3所示。

表5-3 主要指标的描述统计

变量	均值	标准差	最小值	最大值
speaking_selfefficacy（公众演讲自我效能）	70.43	18.09	20	120
speaking_anxiety（公众演讲焦虑）	13.35	3.30	2	22
attributional_style1（正性事件的解释风格）	99.83	17.24	27	135
attributional_style2（负性事件的解释风格）	90.28	16.13	27	135
观测次数=1607				

第三节 多元回归分析及检验

依据调研的数据，进行多元回归分析。

一、OLS回归分析

分别采用"进入"法和"逐步"法，对（式5.1）进行OLS回归分析，回归结果如表5-4所示。

表5-4 OLS回归结果

自变量	进入法模型（1）	逐步法模型（2）
因变量：speaking_selfefficacy		
male（性别）	1.333*（0.751）	—
city（城乡）	−0.203（0.853）	—
east（东部）	2.781（1.863）	—
middle（中部）	1.552（2.111）	—
alone（独生子女）	1.003（0.811）	—
science（理工科）	−1.339（0.883）	—
art（文科）	−1.682（1.206）	—
class（年级）	0.376（0.401）	—
one（本一）	−0.404（0.865）	—
two（本二）	−0.537（0.958）	—
income（家庭收入）	0.135（0.423）	—
family（家庭教养方式）	−0.203（0.358）	—
chinese_score（高考语文成绩）	−0.425（0.377）	—
class_order（年级）	0.642*（0.350）	—
stu_cadres（学生干部）	0.732**（0.340）	0.969***（0.317）
stu_association（学生社团）	0.160（0.428）	—
stu_activity（学生活动）	1.594***（0.499）	1.702***（0.459）
extroversion（性格）	0.210（0.746）	—
spe_effort（对提高公众演讲能力的付出）	2.210***（0.495）	2.345***（0.486）
speaking_course（参加演讲类课程情况）	2.222**（1.049）	2.357**（1.026）
speaking_book（阅读演讲类书籍情况）	0.406（0.794）	—
speaking_skill（公众演讲技巧掌握情况）	4.551***（0.513）	4.728***（0.478）
speaking_times（参与演讲类活动的次数）	0.206（0.477）	—
speaking_anxiety（公众演讲焦虑）	−1.961***（0.117）	−1.980***（0.113）
attributional_style1（正性事件的解释风格）	0.210***（0.026）	0.211***（0.025）
atributional_style2（负性事件的解释风格）	0.067**（0.027）	0.068**（0.027）
样本容量	1607	1607
R^2	0.465	0.456
调整 R^2	0.459	0.457

注：标准误在估计值下面的括号内给出；***表示1%的显著水平，**表示5%的显著水平，*表示10%的显著水平；—表示方程中没有包括此变量。

模型（1）采用的是自变量全部"进入"的方法，模型（2）采用的自变量"逐步进入的方法。

模型（1）中，10%以上显著水平的变量包括：男性（male）、班内排名（calss_order）、学生干部（stu_cadres）、学生活动（stur_activity）、为提高演讲能力的付出（effort）、演讲课程（speaking_course）、演讲技巧（speaking_skill）、演讲焦虑（speaking_anxiety）、正性事件的归因方式（attributional_style1）、负性事件的归因方式（attributional_style2）。

模型（2）相对于方程（1）少了两个变量：男性（male）、班内排名（class_order），这两个变量显著性水平都是10%；其他变量相同，显著性水平都在5%以上且绝大部分在1%以上。

尽管模型（1）的R^2的大于模型（2）的R^2，但模型（2）的调整R^2与模型（1）接近，另外，模型（1）控制了更多的变量，从使模型更简化的角度考虑，模型（2）更好一些。因此，选择模型（2）。因此，重新确定估计模型，具体见式5.2。

$$speaking\_selfefficacy\\
=\beta_0+\beta_1 stu\_c adres+\beta_2 stu\_a ctivity+\beta_3 spe\_s kill\\
+\beta_4 spe\_effort+\beta_5 spe\_c ourse-\beta_6 spe\_anxiety\\
+\beta_7 attr ibutional\_s tyle1+\beta_8 attributional\_s tyle2+\mu \quad （式5.2）$$

二、异方差检验

对（式5.2）回归后得到Durbin-Watson统计量为2.046，非常接近2，说明随机误差不存在自相关。

下面对（式5.2）进行异方差的检验。

1. 图形法

得到标准化残差散点图，如图5-1所示。

从散点图来看，残差可能存在一定的异方差。为此，根据样本数据做进一步检验。

2. 异方差的布罗施-帕甘检验

布罗施-帕甘检验（Breusch-Pagan test for heteroskedasticity，BP test）是布罗施和帕甘提出的一个假定误差正态分布的检验形式[106]。实

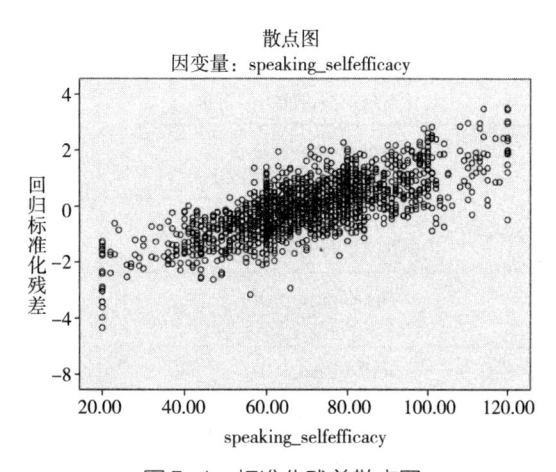

图5-1 标准化残差散点图

施步骤是：首先用OLS估计模型（2），得到OLS残差平方$\hat{u}^2$；然后将（式5.2）中的因变量换成$\hat{u}^2$，再次做OLS回归；最后计算F统计量的p值，如果p值相当小以致低于选定的显著水平，那么就拒绝同方差性的虚拟假设，说明（式5.2）存在异方差。

依据以上步骤进行计算，得到F=2.025（p值=0.040）。在5%显著水平上，（式5.2）存在异方差性。为此，对（式5.2）进一步使用加权最小二乘法（WLS）进行估计。

三、WLS回归分析

由于异方差的确切形式并不清楚，这里使用纠正异方差的一个可行的GLS程序[107]，具体步骤是：

（1）将y对x_1，x_2，…，x_k做回归并得到残差$\hat{u}^2$。
（2）通过先将OLS残差进行平方，然后再取自然对数得到$\log(\hat{u}^2)$。
（3）做$\log(\hat{u}^2)$ x_1，x_2，…，x_k的回归并得到拟合值$\hat{g}$。
（4）计算拟合值的指数：$\hat{h}=\exp(\hat{g})$。
（5）以$1/\hat{h}$为权数进行WLS估计。

根据以上程序对（式5.2）进行WLS估计，并与OLS估计进行对照，具体如表5-5所示。

表5-5　WLS回归结果

自变量	OLS模型（2）	WLS模型（3）
因变量：speaking_selfefficacy		
stu_cadres （学生干部）	0.969*** （0.317）	0.993*** （0.317）
stu_activity （学生活动）	1.702*** （0.459）	1.669*** （0.451）
effort （对提高公众演讲能力的付出）	2.345*** （0.486）	2.403*** （0.476）
speaking_course （参加演讲类课程情况）	2.357** （1.026）	2.097* （1.125）
speaking_skill （公众演讲技巧掌握情况）	4.728*** （0.478）	4.784*** （0.449）
speaking_anxiety （公众演讲焦虑）	-1.980*** （0.113）	-1.899*** （0.109）
attributional_style1 （正性事件的解释风格）	0.211*** （0.025）	0.212*** （0.025）
atributional_style2 （负性事件的解释风格）	0.068** （0.027）	0.061** （0.026）

续表

自变量	因变量：speaking_selfefficacy	
	OLS模型（2）	WLS模型（3）
样本容量	1607	1607
R^2	0.456	0.467
调整 R^2	0.457	0.464

注：标准误在估计值下面的括号内给出；*** 表示 1% 的显著水平，** 表示 5% 的显著水平，* 表示 10% 的显著水平。

WLS 回归结果显示，模型（3）与模型（2）的差别不太大。R^2 和调整 R^2 有所增加，且通过检验多重假设的 F 统计量（$F=175.070$, $p=0.00001$），说明模型（3）WLS 回归更优且符合需要。需要说明的是自变量"公众演讲课程（speaking_course）"的显著性水平从 5% 下降到 10%。最终估计出的方程是：

$$\widehat{speaking\_selfefficacy} = 46.327 + 0.993 stu\_cadres + 1.669 stu\_activity + 4.784 spe\_skill$$
$$+ 2.403 spe\_effort + 2.097 spe\_course - 1.899 spe\_anxiety$$
$$+ 0.212 attributional\_style1 + 0.061 attributional\_style2 \quad （式5.3）$$

第四节 主要影响因素

本节将结合前面几节计量统计结果做进一步分析：一是为什么一些自变量没有进入最终的模型；二是进入最终模型的变量有什么特点；三是对模型中归因方式变量的系数做进一步解释分析。

一、未选择的变量

模型（1）中加入了非常多的变量，但许多变量最终排除在最终的模型之中。根据自我效能理论，排除有最终模型外的变量也在情理之中，但仍需结合实际情况做进一步分析。

1. 性别在公众演讲自我效能的形成中无差异

在大学中，女生在涉及公众演讲活动中的表现优于男性是一种经验判断。但在公众演讲自我效能方面，男女生之间并无太大差异。甚至如果根据模型（1），男生公众演讲自我效能还高女性。这说明，关于"女生在涉及公众演讲类活动中的表现优于男生"这种经验判断可能并不准确。原因：一方面是男生参与公众演讲类活动的主动性比较差，主动表现的动力不足，致使许多优秀的男生没有报名参加这类活动，这就造成在参加活动的学生中，女生的表现可能好于男生；另一方面是公众演讲自我效能和公众演讲表现测量可能并不完全是一种能力，公众演讲表现好并不能代表公众演讲自我效能高。就性别而言，公众演讲自我效能之间没有明显差异。

2. 城乡在公众演讲自我效能形成中无差异

城乡发展的不平衡是当前国家许多问题的重要根源之一。这种不平衡也体现在教育上。城市的孩子比农村的孩子享受到更多的教育资源。由于教育上的投入不一样，自然产出也不一样。但在公众演讲自我效能方面，城市的学生与农村的学生并无明显差异，这可能进一步说明，城市和农村的孩子本来并无差异，只是因为前期施加教育影响上的差异才造成了最终表现上的差异。

正如费孝通先生在《乡土中国》中所描述的那样："同事中有些孩子被送进了乡间的小学，在课程上这些孩子样样都比乡下孩子学得快、成绩好。教员们见面时总在家长面前夸奖这些孩子有种、聪明。这等于说教授们的孩子智力高。我对于这些恭维自然是私心窃喜。穷教授别的已经全被剥夺，但是我们还有别种人所望尘莫及的遗传。但是有一天，我在田野里看放学回来的学生们捉蚱蜢，那些'聪明'而有种的孩子，扑来扑去，屡扑屡失，而那些乡下孩子却反应灵敏，一扑一得。回到家来，刚来的一点骄傲似乎又没有了着落。"可见，乡下孩子并不是真的比城市里的孩子笨，只是因为没有把他们按城市里通常的要求去培养，或者说，乡下孩子没有城市孩子成长的环境，如果有相同的环境，那乡下孩子与城市孩子是一样的。为什么这么说呢？因为在认字上，乡下孩子不如城市孩子，但在抓蚂蚱上，城市孩子却不如乡下孩子。因此，两类孩子的不同特长只是因为成长的环境不同而已。

公众演讲能力的形成也是如此。提高公众演讲能力离不开实际的锻炼。由于城市孩子和农村孩子在公众演讲自我效能上并无差异，这说明他们在公众演讲能力的实际锻炼上也并无差异。也就是说，虽然城市比农村教育资源丰富，但最终都是体现在升学上。高考"指挥棒"的导向，使家长们更关注高考测量的学生能力，所以家长们会给学生报各种辅导班，但这些辅导班大多都是围绕高考需要的，在这一方面，城市家庭会比农村家庭投入大，但是在孩子培养的其他方面的差别可能就没这么大了，比如，在公众演讲能力的培养上，城市家庭和农村家庭的付出是相近的，城市孩子和农村孩子在公众演讲能力上的锻炼是差别不大的，所以，最终体现在公众演讲自我效能上也无明显差异。

3. 区域在公众演讲自我效能的形成中无差异

区域发展不平衡也是当前中国存在的现实问题。东部、中部、西部的发展不平衡主要体现在经济上的发展不平衡。经济发展好并不能保证这一区域学生的公众演讲能力就强。对于这一判断的分析同前面的认识是一致的，无论是经济条件好的地区，不是欠发达地区，公众演讲自我效能的提升都是与实际的锻炼分不开的，由于家庭没有把对孩子公众演讲能力的提升作为重点，东、中、西部学生在公众演讲能力的锻炼上没有显著差异。因此，区域经济上的差异也就无法转换为学生公众演讲能力方面的差异。但是，如果高考把公众演讲能力作为升学评价指标，我们就有理由认为，经济条件好的区域和家庭培养出来的孩子的公众演讲自我效能会更高。

4. 是否独生子女在公众演讲自我效能的形成中无差异

在教育研究方面，独生子女问题一直是一个普遍关注的问题。独生子女由于受到家庭更多的关爱，其性格特征上也会有一些特殊的表现。上海一项抽样调查表明，与非独生子女相比，独生子女自信心更强。[109]但本研究中，独生子女相对于非独生子女在公众演讲自信心方面并无明显差异。这进一步说明：一方面，自我效能具有领域的特殊性，一般自我效能高并不能代表在某一方面自我效能高；另一方面，公众演讲自我效能的提升必须通过实际的锻炼，独生子女相对非独生子女在进行公众演讲锻炼方面并无明显优势。

5. 家庭经济状况对公众演讲自我效能的形成无影响

家庭经济状况越好，对教育的投资就越大。但投资的方向是有导向性的，那就是高考的指挥棒。公众演讲能力并不是高考考察的内容，因此，对于无论是经济状况好的家庭，还是经济状况差的家庭，都没有为提高孩子公众演讲能力进行主动投资的意愿，家庭经济状况对公众演讲自我效能也就不会有显著的影响。

6. 年级对公众演讲自我效能的形成无显著影响

随着年级的增加，大学生受到的教育影响越多，得到锻炼的机会也越多，大四学生相对于大一学生更加成熟，综合能力也应更高。在不考虑其他因素的一元回归中，可以看到，随着年级的增加，大学生公众演讲自我效能也在增加，具体见式5.4。但在加入公众演讲技巧等变量后，"年级"变量的影响就不再显著，这说明，"年级"是对公众演讲自我效能影响的中间变量，"年级"并不能作为公众演讲自我效能的解释变量。

$$\widehat{speaking\_selfefficacy} = 67.596 + 1.348 class（1.047）（0.450） \quad （式5.4）$$
$$n=1607, R^2=0,006$$

7. 入学成绩对公众演讲自我效能的形成无显著影响

本研究中用学生身份——"本一""本二""本三"——来作为"入学成绩"的替代变量。本一学生高考分数高于本二学生，本二学生高考分数高于本三学生。高考成绩好，说明学生学习能力强，那么，其公众演讲能力是否也会更强。但最终计量结果表明，并没明显的证据显示：学习能力强，公众演讲自我效能就高。对于这一判断有两种可能：一是学习能力确实是与公众演讲能力无关；二是学习能力与公众演讲能力有关，但由于学生都没有进行公众演讲学习，使得学习能力强的学生和学习能力差的学生在公众演讲能力上的表现是相同的，如果都参与公众演讲学习，学习能力强的学生公众演讲能力提高得就快。因此，不能简单地断定入学成绩与公众演讲自我效能无关，这里所提出的"入学成绩对公众演讲自我效能的形成无显著影响"只是建立在对样本数据计量结果的判断，给出这一判断可能还隐含着一个基本事实：学生在公众演讲方面的付出是无显著差异的。

值得注意的是，在模型（1）中，虚拟变量"本一"（one）和"本二"（two）的系数是负的，尽管统计上不显著，但这似乎比较符合我们的经验判断：学习差的学生虽然在学生方面不如学习好的学生，但社交沟通能力方面并不一定比学习好的学生差，有可能还优于学习好的学生。

8. 学科在公众演讲自我效能的形成中无显著差别

培根曾说："读史使人明智，读诗使人灵秀，数学使人周密，科学使人深刻，伦理学使人庄重，逻辑修辞使人善辩，凡有所学，皆成性格。"学习不同的学科专业对一个人肯定是有影响的。但这种影响在公众演讲自我效能的形式上并没有体现。在模型（1）中，"理科"（science）和"文科"（art）变量系数是负的，表明"理科"和"文科"生的公众演讲自我效能低于"艺术"学生，这符合我们之前的判断，因为由于需要加强艺术考试的需要，艺术生有更多面试的需要，也就有了更类似于公众演讲活动的机会，因此，艺术生公众演讲自我效能应该高于理科和文科生。但是，由于统计并不显著，且在逐步回归中系统剔除了"理科"和"文科"变量，因此，我们还是倾向于认为，学科在公众演讲自我效能的形成中无显著差别。

9. 家庭教养方式对公众演讲自我效能的形成无显著影响

家庭教养方式是指父母在抚养、教育儿童的活动中通常使用的方法和形式，是父母各种教养行为的特征概括，是一种具有相对稳定性的行为风格[110]。心理学家鲍林德将家庭教养方式分为三种模式：权威主义模式，又叫专制型；宽纵主义模式，又叫放任型；建立威信模式，又叫民主型。专制型和放任型都不利于孩子的成长，只有民主型模式才最有利于孩子身心的健康成长。研究表明，良好的家庭教养方式对于学生自信心培养具有积极作用[111, 112]。因此，有理由认为，良好的家庭教养方式对公众演讲自我效能有影响。但在模型（1）的回归分析中，"家庭教养方式"（family）变量的系数不仅不显著，而且是负的，这与经验判断是不一致的。为此，针对family变量又做了进一步回归分析，具体结果如表5-6所示。

表5-6 检验family自变量的多元回归结果

自变量	模型（4）	模型（5）	模型（6）
因变量：speaking_selfefficacy			
family （家庭教养方式）	0.943** （0.472）	0.250 （0.376）	-1.151 （0.358）
speaking_skill （公众演讲技巧）	—	6.824*** （0.447）	6.638*** （0.424）
speaking_anxiety （公众演讲焦虑）	—	-2.217*** （0.117）	-2.182*** （0.112）
attributional_style1 （正性事件解释风格）	—	—	0.230*** （0.026）
atributional_style2 （负性事件解释风格）	—	—	0.060** （0.027）
样本容量	1607	1607	1607
R^2	0.002	0.370	0.435
调整R^2	0.002	0.369	0.433

注：***表示1%的显著水平，**表示5%的显著水平，*表示10%的显著水平；—表示方程中没有包括此变量。

根据模型（4）可以看出，当对自变量family单独做回归时，family对公众演讲自我效能有正的影响，且在5%水平上显著；模型（5）中加入自变量"公众演讲技巧"（speaking_skill）、"公众演讲焦虑"（speaking_anxiety）后，family变量的影响就不再显著，然而family变量的系数仍然是正的；模型（6）中再加入自变量"正性事件的归因方式"（attributional_style1）、"负性事件的归因方式"（attributional_style2）后，family变量的影响不但不显著，而且系数变成了负的。

通过对这三个模型的比较可以看出，family变量应该是中间变量，因为模型中加入其他变量后，family变量就不再显著了。family变量与归因方式的两个变量相关，对于这一问题也不难理解，因为良好的家庭教养方式是有利于孩子形成良好的归因方式的。另外，需要再次说明的是，本研究中对家庭教养方式只是采取了简单测量的方式，测量方法并不严谨，这里的分析只是对家庭教养方式与公众演讲自我效能关系的初步检验。

10. 高考语文成绩对公众演讲自我效能形成无显著影响

高考语文成绩能够反映一个人的语文素养，也能代表一个人对中文的掌握能力。尽管高考语文成绩好不能表明公众演讲能力就高，但两者都源于语言表达能力，应该有一定的关系。但在模型（1）中，"高考语文成绩"（chinese_score）变量不仅统计上不显著，而且系数是负的，这与我们的经验判断明显不符。为此，对chinese_score变量做了进一步分析，具体如表5-7所示。

表5.7 检验chinese_score自变量的回归结果

自变量	模型（7）	模型（8）	模型（9）
因变量：speaking_selfefficacy			
chinese_score （高考语文成绩）	1.268*** （0.440）	0.179 （0.353）	−0.212 （0.336）
speaking_skill （公众演讲技巧）	—	6.804*** （0.449）	6.664*** （0.426）
speaking_anxiety （公众演讲焦虑）	—	−2.220*** （0.117）	−2.181*** （0.112）
attributional_style1 （正性事件解释风格）	—	—	0.229*** （0.026）
atributional_style2 （负性事件解释风格）	—	—	0.061** （0.027）
样本容量	1607	1607	1607
R^2	0.002	0.370	0.435
调整 R^2	0.005	0.369	0.433

注：***表示1%的显著水平，**表示5%的显著水平，*表示10%的显著水平；—表示方程中没有包括此变量。

模型（7）中，单独对chinese_score做回归时，chinese_score是非常显著的，且高考语文成绩越好，公众演讲自我效能越高。但在模型（8）中，加入公众演讲技巧和公众演讲焦虑变量后，chinese_score就不再统计显著了，而在模型（9）中，加入归因方式两变量后，chinese_score的系数变成了负的。为什么在模型（9）中chinese_score的系数是负的有很多原因，但通过模型（8）和模型（9），可以看到，当加入新的解释变量后，chinese_score不再统计显著，说明chinese_score并不能作为公众演讲自我效能的解释变量。

这里也进一步证明了语文水平尽管与公众演讲能力有一定的关系，但语文水平与公众演讲能力之差并没有因果关系。只有通过实际的演讲锻炼，才能将对语文知识的掌握转化为公众演讲能力。

11. 班内综合排名对公众演讲自我效能形成无显著影响

"班内综合排名"（class_order）是对学生综合素质的一种度量，因为"班内综合排名"的依据既包括学习成绩，也包括日常其他方面的表现。因此，在模型（1）中class_order的系数是正的且在10%水平上统计显著是有道理的，但在逐步回归的模型（2）中，class_order被排除在外，说明class_order虽然与公众演讲自我效能有关，但class_order并不能作为公众演讲自我效能的解释变量，因此，"班内综合排名"对公众演讲自我效能的形成无显著影响。

12. 学生社团参与程度对公众演讲自我效能形成的影响

社团是学生根据兴趣爱好自发组成的学生组织，对于提高大学生综合能力发挥着积极作用[113]。学生参加社团活动越多、越深入，得到锻炼（包括演讲）的机会就越多，学生公众演讲自我效能应该越高。但在模型（1）中，"学生社团"（stu_association）的影响并不显著，这有悖于我们的经验判断，为此，考虑可能有其他变量与之高度相关。下面的回归分析也证明了这一判断，具体如表5-8所示。

在模型（10）中，对stu_association进行回归，数据表明stu_association对公众演讲自我效能有显著影响。模型（11）加入"公众演讲技巧"（speaking_skill）和"公众演讲焦虑"（speking_anxiety）两个关键变量后，stu_association系数虽然有很大下降，但仍然统计显著，R^2有显著提高。模型（12）中，进一步加入了体现参加学生活动情况的"学生活动"（stu_activity）后，可以看到stu_association的系数不仅进一步减少，而且统计上不显著。这说明，stu_association与stu_activity高度相关。因为stu_activity测量的学生活动参与情况，而学生社团活动就是学生活动的一部分，因此，stu_activity更具代表性。最终"逐步法"回归的结果也说明了这一点。

表5-8 检验stu_association自变量的回归结果

自变量	因变量：speaking_selfefficacy		
	模型（10）	模型（11）	模型（12）
stu_association （学生社团）	3.914*** （0.497）	1.302*** （0.415）	0.482 （0.438）
speaking_skill （公众演讲技巧）	—	6.517*** （0.456）	5.941*** （0.464）
speaking_anxiety （公众演讲焦虑）	—	-2.206*** （0.117）	-2.183*** （0.116）
stu_activity （学生活动）	—	—	2.690*** （0.494）
样本容量	1607	1607	1607
R^2	0.037	0.374	0.385
调整R^2	0.037	0.372	0.383

注：***表示1%的显著水平，**表示5%的显著水平，*表示10%的显著水平；—表示方程中没有包括此变量。

尽管stu_association被排除在最终的模型之外，但我们不能因此就认为学生社团参与情况与公众演讲自我效能的形成无关，参与更多的学生社团活动对于提高大学生公众演讲自我效能是有积极作用的。只是在本研究中，我们用stu_activity代表了对学生参加学生活动情况的整体度量。

13. 阅读演讲类书籍对公众演讲自我效能形成的影响

谈到公众演讲、谈到口才，不得不提到美国著名人际关系学大师戴尔·卡耐基。卡耐基的成功学从20世纪80年代进入我国，《人性的弱点》《人性的优点》《语言的突破》等很快成为经久不衰的畅销书籍，影响了众多青年，特别是《语言的突破》，详细地介绍了克服恐惧、树立自信的方法，阐述了演讲、说话时应注意的方法和技巧等[114]。随着改革开放的深入，人们越来越重视社交活动，演讲类书籍也如雨后春笋般不断涌现，在亚马逊网上书店搜索演讲类书籍就有2235条。纵观这些书籍，绝大部分都延续了《语言的突破》的思路，主要讲述的都是演讲的技巧，而掌握有效的演讲技巧无疑对提高公众演讲能力具有重要意义。因此，我们有理由认为，阅读演讲类书籍对提高公众演讲自我效能有正的影响。

当然，阅读演讲类书籍并不能代表就能掌握演讲技巧，但阅读演讲类书籍的行为可以度量出一个对为提高公众演讲能力的付出，说明他有意愿提高自己公众演讲能力并付出了实际行动。在模型（1）中，"阅读演讲类书籍"（speaking_book）变量在统计上并不显著，可能的原因是speaking_book与"演讲付出"（effort）或者"演讲技巧"（speaking_skill）高度相关。为此，针对speaking_book及相关变量进一步做了回归分析，具体如表5-9所示。

表5-9 检验speaking_book自变量的回归结果

自变量	因变量：speaking_selfefficacy		
	模型（13）	模型（14）	模型（15）
speaking_book （阅读公众演讲书籍）	9.082*** （0.933）	1.608** （0.829）	0.689 （0.836）
speaking_skill （公众演讲技巧）	—	6.497*** （0.477）	5.247*** （0.514）
speaking_anxiety （公众演讲焦虑）	—	-2.212*** （0.117）	-2.044*** （0.119）
speaking_course （参与演讲类课程）	—	—	2.010* （1.101）
spe_effort （对提高演讲能力的付出）	—	—	3.001*** （0.512）
样本容量	1607	1607	1607
R^2	0.056	0.371	0.386
调整R^2	0.055	0.370	0.384

注：***表示1%的显著水平，**表示5%的显著水平，*表示10%的显著水平；—表示方程中没有包括此变量。

在单独对 speaking_book 做回归的模型（13）中，speaking_book 的系数非常大且统计上是非常显著的。在加入 speaking_skill 和 speaking_anxiety 变量后的模型（14）中，speaking_book 在统计上仍然显著，但系数值减少了许多。模型（15）继续加入了变量"公众演讲付出"（effort）和"公众演讲课程"（speaking_course），这时 speaking_book 的系数统计上不再显著。这说明 speaking_book 与 effort 高度相关。"对提升公众演讲能力的付出"相对于"阅读演讲类书籍"，对公众演讲自我效能的形成更具有解释意义。

值得注意的是，在模型（15）中加入了变量"公众演讲课程"（speaking_course），加入这一变量的考虑是：参与公众演讲类课程同阅读演讲类书籍一样，既度量一个人为提高公众演讲能力的付出，又在一定程度上度量掌握公众演讲技巧情况。回归结果显示 speaking_course 仍然在 10% 水平上统计显著，这说明参加公众演讲课程比阅读演讲类书籍对公众演讲自我效能形成更具影响力。

14. 参与演讲类活动次数对公众演讲自我效能形成的影响

有充分的理由相信，多参加公众演讲类的活动对提高公众演讲能力有效果，对提高公众演讲自我效能有效果。但在模型（1）中，"参与演讲类活动次数"（speaking_times）的系数统计上并不显著，且在采用"逐步"法回归时，speaking_times 也被排除在方程之外。原因何在？为此，针对 speaking_times 做了进一步回归分析，具体情况如表 5-10 所示。

表5-10 检验 speaking_times 自变量的回归结果

因变量: speaking_selfefficacy			
自变量	模型（16）	模型（17）	模型（18）
speaking_times （参与演讲类活动次数）	6.971*** (0.490)	1.654*** (0.468)	0.732 (0.484)
speaking_skill （公众演讲技巧）	—	6.177*** (0.481)	5.629*** (0.484)
speaking_anxiety （公众演讲焦虑）	—	-2.150*** (0.118)	-2.110*** (0.117)
stu_cadres （学生干部）	—	—	1.151*** (0.341)
stu_activity （学生活动）	—	—	2.254*** (0.489)
样本容量	1607	1607	1607
R^2	0.112	0.375	0.391
调整 R^2	0.112	0.373	0.389

注：*** 表示 1% 的显著水平，** 表示 5% 的显著水平，* 表示 10% 的显著水平；— 表示方程中没有包括此变量。

在对speaking_times单独做回归的模型（16）中，speaking_times的系数很大且统计上非常显著，而且R^2也比较大，达到了0.112。在加入变量speaking_skill和speaking_anxiety后的模型（17）中，speaking_times系数变小，但统计上仍然非常显著。在进一步加入变量"学生干部"（stu_cadres）和"学生活动"（stu_activity）的模型（18）中，speaking_times变量的系数在统计上不再显著。这说明speaking_times与stu_cadres、stu_activity可能高度相关。

stu_cadres代表担任学生干部的情况，担任学生干部的等级越高，参与演讲类活动越多的机会越多。stu_activity代表学生参加学生活动的情况，这里的学生活动应该包括了演讲类的各种活动。因此，stu_cardres和stu_activity可以度量speaking_times度量的内容。对于变量stu_cardres和stu_activity在下一节还会做进一步深入分析。

15. 性格对公众演讲自我效能的形成无显著影响

性格是人对现实的态度和行为方式中较稳定的个性心理特征。对性格最具代表性的分类是内向型和外向型[115]。就社交活动而言，外向型性格的人相对于内向型性格的人更积极，但公众演讲自我效能是否也会更高呢？有研究显示，大学生性格倾向与英语演讲焦虑相关，内向型学生的焦虑水平相对较高，外向型学生的焦虑水平相对较低[116]。因为演讲焦虑与演讲自我效能相关，因此，有理由假定性格倾向与公众演讲自我效能相关。但相关性并不能推导出因果关系，是不是因为有中间变量才造成了这种相关关系。在我们开展的一项早期的关于公众演讲焦虑的研究中，我们让学生参与5次公众演讲，然后对学生演讲焦虑进行前测和后测，并使用了艾森克人格量表对学生性格内外向进行了测量。我们发现前测的演讲焦虑与性格内外向倾向是显著相关的，但后测的演讲焦虑与性格内外向倾向就不相关了。这说明性格与演讲焦虑相关，可能是性格外向的人更多的参与了演讲类的活动，当性格内外和外向的人都参加了演讲活动后，性格与演讲焦虑就不再相关，也就是说，当我们控制了参与演讲活动这一变量后，性格与演讲焦虑就不再相关。如果这一推断正确，那么就不能把性格作为演讲焦虑的解释变量，它们之间没有明显的因果关系。因此，我们假定性格与公众演讲自我效能相关，但性格并不能作为公众演讲自我效能的解释变量，它们之间没有必然的因果关系。下面的回归分析也支持了这一观点，具体如表5-11所示。

表5-11 检验extroversion自变量的回归结果

因变量：speaking_selfefficacy			
自变量	模型（19）	模型（20）	模型（21）
extroversion （性格）	8.178*** （0.887）	1.630** （0.757）	0.356 （0.773）

续表

自变量	模型（19）	模型（20）	模型（21）
因变量: speaking_selfefficacy			
speaking_skill（公众演讲技巧）	—	6.663*** （0.452）	5.834*** （0.463）
speaking_anxiety（公众演讲焦虑）	—	-2.175*** （0.119）	-2.127*** （0.118）
stu_cadres（学生干部）	—	—	1.212*** （0.343）
stu_activity（学生活动）	—	—	2.369*** （0.483）
观测次数	1607	1607	1607
R^2	0.050	0.371	0.390
调整 R^2	0.050	0.370	0.388

注：***表示1%的显著水平，**表示5%的显著水平，*表示10%的显著水平；—表示方程中没有包括此变量。

模型（19）证明了性格与公众演讲自我效能显著相关，外向型性格学生的公众演讲自我效能明显高于内向型性格学生。模型（20）中加入了speaking_skill和speaking_anxiety变量后，extroversion的系数变小但仍然在统计上5%的水平上显著。模型（21）进一步加入stu_cadres和stu_activity变量后，extroversion的系数统计上不再显著。这说明，在控制了参加学生活动、学生干部等变量后，性格对公众演讲自我效能就没有明显影响了，也就是说，对于在参加学生活动、学生干部方面相同的学生，性格与公众演讲自我效能不相关。因此，性格不能作为公众演讲自我效能的解释变量，性格对公众演讲自我效能的形成没有显著影响。

二、选择的变量

模型（3）是最终选定的方程，进入模型（3）的众多变量对公众演讲自我效能的形成有显著影响，本节就影响的原因以及它们一些共同的特点做进一步深入分析。

1. 公众演讲技巧

本研究中，将公众演讲技巧作为公众演讲掌握性经验的替代变量。根据自我效能理论，亲历的掌握性经验是自我效能形成最重要的信息来源。因此，公众演讲技巧掌握的越好，公众演讲自我效能越高，而且公众演讲技巧应该是对公众演讲自我效能影响最大的变量。在模型（3）中，"公众演讲技巧"（speaking_skill）的系数达到了4.784，且在1%统计水平上显著，这充分证明了"公众演讲掌握经验对公众演讲自我效能有显著的正影响"的假设。

2. 公众演讲焦虑

根据自我效能理论，行为过程中的应激反应也是自我效能形成的重要信息来源。公众演讲焦虑对公众演讲自我效能应该有显著的负影响。模型（3）中"公众演讲焦虑"（speaking_anxiety）的系数是-1.899，且在1%统计水平上显著，这充分证明了"公众演讲焦虑对公众演讲自我效能有显著的负影响"的假设。

3. 学生干部

高校学生干部是大学生中的重要群体。相对于普通学生而言，学生干部表现出更高的综合素质，特别是具有更强的社交能力。学生干部的级别越高，其综合素质也应越高，在公众演讲方面的能力也应越强。模型（3）中"学生干部"（stu_cadres）的系数是0.993，且在1%统计水平上显著，这表明在其他因素不变的情况下，学生干部的级别越高，其公众演讲自我效能越高。学生干部经历对公众演讲自我效能的形成有显著的正影响。

为什么学生干部的公众演讲自我效能高于普通学生？在仔细思考这一问题过程中，我们发现应该包含两方面的原因：一是学生干部本身的综合素质高。大学的学生干部多是选拔产生的，大多需要通过演讲竞聘的程序，因此，能够成为学生干部的学生，其自身综合素质是比较高的，特别是大都具备一定的演讲能力。二是学生干部比普通学生有更多的锻炼机会。学生干部承担了上传下达的任务，需要组织和参加各种活动，在付出的同时，实际上也得到了比普通学生更多的锻炼的机会，包括演讲类活动的锻炼机会。由于得到更多的锻炼，学生干部公众演讲能力更强，他们的公众演讲自我效能也就越高。这两方面的原因，有点类似于高等教育经济学的"筛选理论"和"人力资本理论"。实际上，学生干部身份和经历，不仅承担了"筛选"的功能，也承担了"培养"的功能。在模型（3）中，还包括了变量"学生活动"——用来度量参与学生活动的情况。因此，按照其他不变的思想，在学生干部与普通学生参与学生活动相同的情况（即学生干部与普通学生得到相同的锻炼机会），stu_cadres变量应该度量的是学生干部本身素质对公众演讲自我效能的影响。因此，可以认为，人的先天素质对公众演讲自我效能是有显著影响的。

4. 学生活动

学校教育始终存在着两个课堂：一个是以课程为主要内容的教学的课堂；另一个则是以课外活动为主要内容的"第二课堂"。"第二课堂"相对于课堂教学而言，主要包括社会实践、文体活动、科技竞赛活动等。由于高考升学的压力，学生在上大学以前往往没有精力也没有机会更多地参与"第二课堂"活动，但是，进入大学后，学生开始关注"第二课堂"，也更加重视"第二课堂"，许多人都加入学生组织并积极参与各种活动，根本目的就是想锻炼自己、提高自己。

多参加学生活动包括演讲类活动，对于提高学生综合素质以及公众演讲能力具有非常积极的作用。在模型（3）中，"学生活动"（stu_activity）变量的系数是1.669，且在1%统计水平上显著，这说明stu_activity对公众演讲自我效能的形成有显著的正影响。

5. 演讲付出

只有付出，才会有收获，提高公众演讲能力也是这样。没有对公众演讲的付出，就不能收获公众演讲能力提升的结果。"对提高公众演讲能力的付出情况"（effort）是通过自我报告的方式测量个体为提高自身公众演讲能力的付出情况，认为自己付出越多的，反馈的数值就越高。模型（3）中，effort变量的系数是2.403，且在1%统计水平上显著，这表明对提高演讲活动的付出对公众演讲自我效能的形成有显著的正影响。

当然，演讲付出包括方方面面，但从大类分有两方面内容：一是学习涉及公众演讲的理论知识；二是进行公众演讲实践。其中，最重要的是进行公众演讲实践。因为，演讲是一项实操性很强的活动，演讲技能的提升必须要在实际的锻炼中获得，也必须通过实践来检验。

6. 演讲课程

在模型（3）中，"演讲课程"（speaking_course）是一个虚拟变量，参加过演讲类课程是"1"，没有参加过演讲类课程是"0"。回归结果显示，speaking_course变量的系数是2.097，且在10%统计水平上显著。应该说，speaking_course的显著水平相对于方程里的其他变量的显著水平是偏低的。怎样解释这一情况呢？

实际上，参加公众演讲课程，既可以代表个体对公众演讲的付出多，也可以代表个体学习了更多的公众演讲知识，还可以代表个体有了更多的锻炼机会，但这取决于个体参加的公众演讲课程的授课模式和实际效果。如果学生参加的演讲课程只是讲授演讲类知识，没有给学生锻炼的机会，这样的演讲课程对公众演讲自我效能的形成的影响是非常有限的；只有那些注重实际锻炼的演讲课程，对学生公众演讲自我效能的提升才是有效的。因此，speaking_course变量对公众演讲自我效能形成有正影响，但显著水平不高，只是在10%的统计水平上显著。

通过对上述6个变量的分析，我们可以对这些自变量做进一步的分类，这有利于帮助我们理清下一步促进学生公众演讲自我效能提升的工作思路：

第一，先天因素。这是通过"学生干部"变量推断出的。我们要承认人与人之间的先天差异。有的人天生就擅长演讲。

第二，演讲技巧。演讲技巧代表对演讲活动的掌握经验，这是公众演讲自我效能的最主要的信息来源。

第三，演讲焦虑。演讲焦虑下降是公众演讲自我效能形成的另外一个重要信息来源。

第四，演讲实践。提高公众演讲能力以及公众演讲自我效能是离不开演讲实践的。"演讲付出"、"学生活动"、"演讲课程"实际上给出的主要信息就是"演讲实践"——使学生参与实际的演讲活动。无论是掌握演讲技巧，还是克服演讲焦虑，都需要在演讲实践的基础上获得。因此，演讲实践是掌握演讲技巧和克服演讲焦虑充分条件，没有演讲实践，掌握演讲技巧和克服演讲焦虑就没有实现的可能。但演讲实践并不是掌握演讲技巧和克服演讲焦虑的必要条件，也就是说，并不是只要进行了演讲实践就一定能掌握演讲技巧和克服演讲焦虑。因此，我们认为，并不是所有的演讲实践都能提高公众演讲自我效能，只有成功的演讲实践（使演讲者掌握了演讲技巧和克服了演讲焦虑）才对公众演讲自我效能的形成有影响。对接下来归因方式变量的解释也说明了这一点。

三、对归因方式的解释

在模型（3）中，还有两个变量：一是"正性事件的解释风格"（attributional_style1），二是"负性事件的解释风格"（attributional_style2）。解释风格，也称为归因方式，主要是对个体把事情的结果归因为内部自身的原因还是外部其他方面的原因的程度进行度量，然后又将事情分为正性事件和负性事件。"正性事件的解释风格"是，对于成功的事情是归因于自己的努力，还是外部的因素？越倾向于归因于自己的，反馈的值越高；"负性事件的解释风格"是，对于失败的事情是归因于自己的原因，还是外部的因素？越倾向于归因于自己的，反馈的值越高。积极心理学认为，对于正性事件越倾向于归因于内部自己的努力和对于负性事件越倾向于归因于外部因素的人，心理越健康。但是，在公众演讲自我效能形成过程中，归因方式又是怎么发挥作用的呢？为此，我们从归因方式的角度来模拟一个从未进行公众演讲的人开始参与公众演讲的心路历程。

我们姑且称这个人叫小明。小明是一名来自农村的大学生。在上大学之前，小明从来没有参加过演讲类的活动，也没有上台讲过话。进入大学后，班里组织学生干部竞聘，小明也想参与一下。于是，小明就参加了学生干部竞聘。由于之前从来没有上台演讲过，小明也不知需要做什么准备，他觉得上台直接说就行。但没想到，当小明站到台上，看着台下若干双眼睛看着自己时，他的大脑突然一片空白，根本不知道说什么，在非常尴尬的场面下，小明走下台回到自己座位。这时，小明心里会怎么想？当然，他会觉得很懊恼、很痛苦。然后他会思考产生这一结果的原因？他可能会考虑是自己的原因，比如，因为自己努力不够、没有好好准备或者自己就是不擅长演讲等；他也可能考虑是外界的原因，比如，当时的环境不适合自己或者自己头天没有睡好等。当然，这时无论小明怎么想都会产生两种结果：一种是小明努力学习演讲技巧，并找机会证明自己能够做很好的演讲；另一种是小明开始逃避演讲类活动，不再上台演讲。

首先，我们假设小明选择了第一种方式。通过2-3次上台演讲，小明的演讲尽管不很精彩，但他能够明显感到自己的紧张程度明显下降，而且没有再出现大脑一片空白的情况。这应该算是一次很大的进步。这时，小明怎么想？他可能会想，通过自己的努力，自己能够进行顺畅的演讲，自己很棒，于是他的演讲自信心得到了增强；他也可能会想，这不是自己努力的结果，只是现场的环境适合了自己，如果这么想，他的演讲自信心则不会得到增强。

然后，我们假设小明选择了第二种方式。由于逃避演讲，小明的演讲能力得不到锻炼，小明的演讲自信心会下降。

从这个模拟过程，我们可以看到，如果个体把演讲成功归结于自己的话，他的公众演讲自我效能（演讲自信心）是肯定会提升的；而在演讲失败的情况下，个体无论是作内部归因还是作外部归因，既有可能继续参与演讲活动，也有可能选择逃避演讲，这时他的公众演讲自我效能可能提升，也可能下降。

根据以上推理过程，我们认为成功事情采用内归因对公众演讲自我效能应该有显著的正影响，而失败事情采用内归因对公众演讲自我效能的影响是不确定的。模型（3）的数据证明了我们一半的假设："正性事件的解释风格"（attributional_style1）的系数是0.212，且在1%统计水平上显著；然而，"负性事件的解释风格"（attributional_style2）的系数是0.061，在5%统计水平上显著。进一步分析，我们发现，尽管"负性事件的解释风格"（attributional_style2）的系数为正且在5%统计水平上显著，但attributional_style2的系数远远小于attributional_style1的系数，相差了将近3.5倍。然后，当我们减少一些其他控制变量时，我们又发现attributional_style2的系数在统计上不再显著，具体如表5-12所示。

表5-12 检验attributional_style1和attributional_style2自变量的回归结果

自变量	因变量：speaking_selfefficacy	
	模型（22）	模型（23）
attributional_style1 （正性事件的解释风格）	0.340*** （0.032）	0.229*** （0.025）

续表

| 因变量: speaking_selfefficacy |||
自变量	模型（22）	模型（23）
attributional_style2 （负性事件的解释风格）	−0.049 （0.034）	0.060** （0.027）
speaking_skill （公众演讲技巧）	—	6.638*** （0.424）
speaking_anxiety （公众演讲焦虑）	—	−2.179*** （0.111）
样本容量	1607	1607
R^2	0.089	0.435
调整 R^2	0.088	0.433

注：***表示1%的显著水平，**表示5%的显著水平，*表示10%的显著水平；—表示方程中没有包括此变量。

模型（22）中，attributional_style1的系数为正，且仍然在1%统计水平上显著；但attributional_style2的系数为负，且不显著。模型（23）加入关键变量speaking_skill和speaking_anxiety后，attributional_style2变为正的且在5%统计水平显著。这说明，在不考虑其他因素的情况下，失败事情采用内归因方式对公众演讲自我效能无显著影响，但在控制了演讲技巧和演讲焦虑后，即在演讲技巧和演讲焦虑不变的情况下，失败事情采用内归因方式对公众演讲自我效能有一定的正影响。但是，无论是否控制其他变量，成功事情采用内归因方式都对公众演讲自我效能有显著正影响。这就进一步证明了，公众演讲自我效能的提升是建立在成功的演讲经历的基础之上的，而成功的演讲经历的信息来源主要有两方面：一是运用的演讲技巧得到了印证；二是演讲焦虑得到了有效控制。

第五节　初步的结论

通过以上分析，我们可以初步得出以下结论。

一、公众演讲自我效能的形成离不开演讲实践

通过前面的分析，我们可以看到，一些自变量为什么没有被放在最终的模型中和一些自变量为什么最终被放在模型中，一个非常重要的原因就在于看这些变量是否与演讲实践有关、是否能够促进演讲实践。性别、城乡、区域、独生、家庭经济

状况、年级、入学成绩、学科专业、高考语文成绩、性格等与参加演讲类活动并无直接关系，最终的计量回归结果也证明了这一点，所以，这些变量不能对公众演讲自我效能的形成产生显著影响；而担任学生干部、参加学生活动、掌握演讲技巧、克服演讲焦虑等都使个体有或要求个体有更多的参与演讲类活动的机会，也就对公众演讲自我效能产生了显著影响。

公众演讲是一项实操性非常强的活动。提高公众演讲能力和公众演讲自我效能，单靠"纸上谈兵"是不行，必须要真正参与到演讲实践之中。只有参与其中，只有真正站到台上去讲，才能真正提高公众演讲的能力，才能促进公众演讲自我效能的形成与提升。

二、成功的演讲经历是公众演讲自我效能形成的基础

当然，并不是只要参加演讲类活动就能促进公众演讲自我效能的形成。通过之前的分析可以得出，失败的演讲经历是不会提高演讲者自我效能的，只有成功的演讲经历才能促进公众演讲自我效能的形成与提升。所谓成功的演讲经历，是指演讲者对自己演讲表现的自我肯定，但这种自我肯定需要通过许多自身和外部的信息来印证，如演讲时自己的紧张程度、观众的表情和眼神、其他人对自己演讲的评价等。

因此，参加演讲类活动、进行演讲实践是公众演讲自我效能形成的基础，但这还不够，必须让演讲者通过演讲实践提高演讲能力并最终获得成功的演讲体验。如果没有成功的演讲经历，演讲者的公众演讲自我效能仍然不能形成和提升。

三、掌握演讲技巧和控制演讲焦虑是公众演讲自我效能形成的主要信息来源

如何获得成功的演讲经历？关键是掌握演讲的规律。演讲规律是对演讲活动的科学认识。当一个人能够掌握并熟练地运用演讲规律时，他就能在他自身素质的基础上有最佳的演讲表现。这里所谓"在他自身素质的基础上"，是指人与人之间是有差别的，虽然都掌握了同样的演讲规律，但由于天资以及前期知识储备的差异，每个人的演讲表现也是存在差异的。然而，如果一个人能够掌握演讲规律，那么，他就能实现基于他自身素质的最佳的演讲表现。

演讲规律的范围很大，但最具现实意义的就是演讲技巧。特别是对大学生而言，经过长期的语文学习，他们应该具备了一定的语言表达素质，如果能够学习一些演讲技巧，并通过演讲实践印证这些演讲技巧，那么，他们就会获得成功的演讲体验。

成功的演讲体验还有一种重要的信息来源，就是演讲焦虑的有效控制。当演讲者在演讲实践中从开始高度紧张降低为后来的可控紧张时，其自我感受就是一种进步，是对成功的演讲经历的体验。

第六章 掌握公众演讲技巧

获得公众演讲掌握性经验（公众演讲技巧）和控制公众演讲焦虑是公众演讲自我效能形成的主要信息来源，而其中获得公众演讲掌握性经验又是提升公众演讲自我效能最重要、最根本的方法和途径。为此，在第七章将介绍一个旨在帮助大学生掌握公众演讲技巧的项目。但是，应该掌握什么样的公众演讲技巧以及为什么要掌握这些公众演讲技巧？本章将着重回答这些问题。

第一节 公众演讲的原则

关于公众演讲技巧，我们给出了以下五条基本原则，这五条基本原则既源于实践的总结，也有一定的理论基础。

（1）站在听众的角度思考自己的演讲内容。
（2）列出演讲提纲，不写出完整的演讲稿。
（3）想一个能吸引人的开头。
（4）讲故事或自己的亲身经历。
（5）演讲前深呼吸，并对自己说，"相信自己，一定行！"。

第二节 基于实践的总结

语言是人类独有的最重要的交际工具与思维工具，是文化与信念的载体，而演讲是在语言的使用中最重要的一种方式。特别是对大学生，无论是找工作面试，还是工作后展示自我，都需要具备一定的演讲能力。但现实情况是，对于绝大多数学生来说，由于高考的导向，他们上大学之前很少有参与演讲的机会，这就造成了许多大学生入学后的演讲能力明显不足，但他们都知道演讲能力很重要、都想提高自己的演讲能力。但是四年大学后，我们会发现，有的人演讲能力得到了很大提升，而许多人的演讲能力仍然很差。这是为什么呢？为什么入学时都差不多，而毕业时有的学生公众演讲能力就得到了很大的提高？要回答这个问题，就需要对演讲能力提高的学生的情况进行分析，大学期间他们到底经历了什么？什么促使了他们演讲能力的提升？在这里，我想尝试用质性的研究方法，分析自身演讲能力的提升过程，建构提高公众演讲自我效能的方法和措施。

质的研究方法是以研究者本人作为研究工具，在自然情境下，对研究现象进行深入的整体性探究，对其行为和意义建构获得解释性理解的一种活动。教育领域的质性研究经常以人为探究的对象，询问如下问题：他们正在经历的经验为何？他们如何诠释这些经验？他们自身是如何建构所生活的社会世界？当然，质性研究的对象可以是他人，也可以是自身。而我将自身作为研究对象的主要原因就在于：我的演讲能力是在大学生期间提高的，而且是得到了明显提高，从个案选取角度来看，我的经历非常具有代表性和可借鉴意义。

一、基本情况

我是1980年生于河北省邢台市的一个普通家庭，独生子女，父母都是工人。我没有上过幼儿园，上小学前大部分时间跟着奶奶。我有一副大嗓门，无论是哭起来还是喊起来，声音都比较大。5岁起，练习了一年武术，上小学后就不练了，后来上小学三年级后又练习了两年，因为个头都不长（有人说是因为练武术的原因），五年级后就不再练习了。

1987年，我进入了离家不太远的顺德路小学。没想到的是，入学第一天，班主任老师就指定我任班长，我非常高兴，但是第二天就把我撤了，原因是头一天放学让我整队，而我根本就不知道什么是整队和怎样去整队，老师觉得我实在不适合，就把我给换了。后来的几年，非常羡慕那些当大队长、中队长、小队长的同学，但我从来也没有当过。但是，我的人缘还不错。因为在每年大家投票选的"三好学生"中，我总能被选上。学习方面，应该属于中上等。

1992年，小升初时，考过一次邢台一中的初中部，但没有考上。于是我就上了离奶奶家比较近的邢台五中。还是没有想到，入学后班主任老师又指定我任班长。这次我真想好好干。但是几天后，父母又让我转学到了我婶子当老师的学校——邢台市桥东区一中。在这里，我完成了三年的初中学习，桥东区一中教学安排非常满，甚至到初三时周末一天假都不放，每天就是听课、做题，而且根据成绩进行排名。我开始有了竞争意识，为了取得好名次，开始积极主动学习，在班里基本保持在前10名。

1995年，通过中考，我考入了邢台一中，并在入学分快慢班的考试中考入了快班。能考进快班是非常高兴的，但入学后才发现，我在班里是最后一名。但是，又没想到的是，班主任老师又指定我任班里的宣传委员。我真的不知道该干什么，也没有组织好黑板报的制作等相关工作。在一学期后的重新改选中，我落选了。当然，这对我并没什么打击，我当时的想法就是学习，努力学习，争取考一所好大学。通过努力，后来我在班上的学习成绩应该能达到中等水平。

1998年，参加高考，成绩并不理想，但我又不想复读，于是就进入了河北科技大学。结果，同样的事情又发生了，入学后，辅导员老师又指定我任班长。当这个消息在全班公布后，我并没有告诉父母，因为我觉得最终的结果还会跟以前一样，不是被老师免职，就是被同学选下去。但事情的结果却是使我在公众演讲方面得到了锻炼和提升。

二、公众演讲经历

我刚开始担任班长时还是很不适应，当时的感觉就是，真得不知道怎么当，最大的问题就是不敢上台讲话，辅导员老师有什么指令，我基本上都是挨个宿舍去通知。过了一段时间，有比较要好的同学告诉我，班里有同学觉得我的能力不行，想把我换了他来当班长。这件事，对我的刺激比较大。我认识到，必须要提高自己的能力了。怎么提高自己的能力？当时，我的想法就是多参加活动。于是我报名参加了校广播台纳新的面试。

面试的时间是晚上，地点是在一个教室。报名加入广播台的同学依次上台介绍自己并说明加入广播台的优势和理由。我记不清自己是第几个上台的，但上台后，大脑一片空白，身体非常紧张，说了几句就没词了。当然，结果也在意料之中，我没被选上。那天晚上我进行了深刻的反思：为什么自己那么紧张？反思的结果是自己没有准备。之前，我一直认为，演讲不用准备，直接上台一边想一边讲。但那次后，我知道了上台演讲是需要准备的。

一周后，又一件事情帮助我找到了些自信。记得是周五的晚上，我们当时一个年级的四个班的班长在辅导员老师的带领下参加了一场由时任北京大学学生处长王登峰老师所作的专门针对学生干部的报告。那天听报告的大概有500人，报告厅的座位全部坐满了。然后，我们就开始听王登峰处长的报告。不知为什么，从一开始听我就产生了一个想法："他讲完了，会不会让问问题，我是不是可以想一个问题问他。"一旦这个想法出现后，我就无法专心听他讲了，而是一边听他讲一边想问他的问题。终于，想出来一个自认为比较好的问题。于是下定决心："一会儿如果让提问，我就第一个举手问他。"然后就在心理一直反复默念准备提问的那个问题。报告作完后，主持人真的让大家提问。当时真想举手站起来问，但就是没有那个勇气。后来，有人举手问了第一个问题，又有人陆续问了几个问题。听完他们的问题后，我觉得自己想问的问题更好。于是开始举手，伴随的是心跳的加剧。但是，这时大家的热情已经都被点燃，举手的同学很多。我很着急，怕没有机会问这一问题，也不知是哪来的勇气，当主持人说再选一名同学提问时，我就直接站了起来。当我站起来时，我感觉心跳一下恢复了正常水平，呼吸也不急促了，并且很自然地说出了我的问题："王博士，您好！请您原谅我的坦率，您刚才说，人才应该到他最需要的地方去，那么，您为什么仍留在已经是教授云集的北大，而不到我们河北科技大学来？"（现在看，这个问题是比较幼稚的，但在当时来说却引起了大家的共鸣）使我惊讶的是，我问这个问题时，非常地顺畅，真正站起来时并没有紧张。问完后，全场报以热烈的掌声！然后我就坐下了。当我坐下时，我感觉无比的轻松和舒坦。开学后的一切压力和对自己的怀疑全没了，我证明了自己，那是一种非常好的"高峰体验"。当然，他回答的也非常好。他说，"这个问题非常好！我毕业于北京大学心理学系，毕业时有两种选择：一是去中日友好医院，如果去了，会给我三室一厅的房子，每月工资5000元；二是留在北京大学，需要与别人合住二室一厅的房子，每月工资只有2000元，但是，我觉得北大更需要我，所以我留在了北大。"听完他的回答，全场又报以热烈的掌声。通过这件事情，我有了一定的自信，特别是站起提问时那种一边说一边想的感觉，使我很长一段时间都记忆犹新，并且还有了一点心得：原来脱稿发言是要打腹稿的。

之后，通过第一次班会进一步增强了我的自信心。时间大概在提问事件的两周后，地点在一个小教室，我组织全班36个人开了入学后的第一次班会。开会前，我还是非常紧张的，一直在想怎么说，然后反复在心里默念，一遍一遍地过。但是，由于想要说的很多，每一遍都没有过全。有时，还会想出一些比较好的句子，但又不知什么时候讲，因为这些句子好像又跟我准备的开场那段话连不起来。总之，在开班会前，一直在纠结，一直在打腹稿。为了缓解紧张的心情，在开始前，我还反复对自己说："相信自己，一定能行！"大概在晚上7点30分，开始了我们的班会。非常神奇的是，当我站在讲台，开始讲话时，就变得不紧张了，而且越说越自如，是一边想一边说，把腹稿的内容基本上都说了出来。然后是每一位同学上台发言，他们发言后我点评，之前想到的但跟开场白无关的那些非常好的句子就都想起来并且用上了。班会开了2个多小时，效果非常好。

在这之后，我经常利用刚下课的时间向全班同学传达一些学校的通知要求等。而且我还参加了学院组织的辩论赛，声音大的优势得到了很好的发挥，被评委老师点评为：非常有气势！可以说，通过大一一年的锻炼，我已经突破了演讲紧张的阶段，当时的我根本不惧怕上台发言，而且有了一点新的心得：演讲不要念稿子，要列提纲，按提纲讲。

但是，这时另一问题开始困扰着我："我现在是不惧怕演讲，但我应该讲什么以及怎么讲才能吸引人呢？"然后就越来越感觉演讲素材的重要性。那时，经常看一些励志的文章，其中具有启发性的内容就会被用上。

　　记得大三担任院学生会主席后，有一次机会要面对全体一年级新生（500多人）讲话。这时的我并不惧怕这次讲话，但上台前还是很紧张的，我一直在作深呼吸，并且对自己说，"相信自己，自己一定行！"在这次演讲中，我就用上了前几天在一个杂志上刚刚看到的一段话，大意是讲：大学有三条道，一条是"黑道"，就是一条道走到黑，就是像高中那样继续努力学习，然后考研、考博；另一条是"黄道"，就是去打工或者经商，去挣钱，并且通过挣钱接触社会，锻炼自己；还有一条是"红道"，就是去考各种资格证书。由于作为学生会主席，希望有更多的新生能够加入学生会，我把三条道中的红道，改成了去当学生干部、去加入学生会锻炼自己。通过后来的反馈，那次演讲的效果非常好，许多同学都记住了我讲的三条道，而且都报名参加了学生会。

　　可以说，大学生期间，由于学生干部的身份，我有了无数次上台演讲的机会；也由于感觉自己有一定的演讲能力，我也会主动参加一些上台演讲类的活动。大学毕业时，我对自己演讲能力的判断是：我不怕演讲，但是由于自己知识储备的不够，并不能保证演讲的精彩性。为此，我开始看一些关于演讲类的书籍，如卡耐基的《语言的突破》等，但是这些书籍更多起到的是励志作用，对具体如何做一次精彩的演讲却没有明确的答案。

　　2002年大学毕业后，我留校在校长办公室工作。在办公室工作期间，主要任务是给学校领导起草讲话稿。这段经历，不断锻炼了我的文字写作的能力，也使我有了更多时间和机会从文本角度去思考如何进行演讲，特别是演讲的内容应该怎样去设计和组织。在这一过程中，我经常上网查找关于如何进行演讲的视频课程，但是其中绝大多数只是一种自我表演，只是在告诉你演讲和口才多么重要，或是一些名人的例子，但这些对我们普通人来说，却没有多大可借鉴的意义。直到我无意中看到了林伟贤的《魅力口才》的视频课程，才真正对演讲技巧的问题开始有了一些比较深入的了解。其中，对我影响比较大的有：一是他讲到演讲开头一定要与听众产生联系，每一个人最关注的其实是自己，如果在演讲的开头能提及听众，那就能吸引住听众，为后面的演讲奠定比较好的基础；二是他指出在支撑总观点的每个分观点的论述中，要讲一个故事或者自己的亲自经历。特别是"讲故事和自己的亲身经历"这一条对我的触动比较大，就好像一层窗户纸被捅破了一样。我反思自己之前的演讲，其中自我感觉比较好的，其实都离不开讲了一些故事或自己的亲身经历。于是，我开始尝试积累一些故事，特别是一些对自己非常有启发意义的哲理故事。

　　2008年，经竞聘，我担任了校团委副书记。这个岗位使我有了更多的演讲机会，也使我可以对一些演讲技巧进行实践和检验。记得有一次去给一个学院的学生作讲座，我就讲了许多哲理故事来支撑我的观点，取得了非常好的效果。现在每年都给全校学生作一次讲座，讲座中我都会使用一些故事，这些故事也都能取得非常好的效果。

通过以上的经历，我对如何进行演讲逐步总结出了自己的心得和体会。

三、对公众演讲经验的总结

下面，对我的公众演讲经历进行案例分析。

1. 先天素质对公众演讲能力的形成有影响

从我的经历中可以看到，声音大是我生理上特有的，这不是练出来的，而是先天就有的。良好的声线是公众演讲的基础。有的人声音天生就非常好听，无论他讲什么，我们都更多地会被他声音本身所吸引。而对于我来说，声音大、有底气使我的演讲可以抓住听众，相对于声音小的演讲对听众能产生更大的影响。记得大学期间参加辩论赛，对同班另一个组的一位同学进行辅导，我让他大点声、喊出来，可是他就是喊不出来，声音没有底气。在我讲授的《公众演讲》选修课上，有一名学生非常努力地学习我讲授的演讲技巧，但由于先天的生理原因，他的声音无论在音色还是在语调上，讲出来的东西效果比较差，所以就需要他先从发音以及气息练起。也就是说，公众演讲是以发声器官为基础的语言表达活动，发声器官以及对它的运用对公众演讲的表现具有显著影响。如果先天有比较好的发声器官，其本身会使所作的公众演讲增色不少。

2. 实践是提高公众演讲能力的必要条件

提高公众演讲能力，特别是克服公众演讲焦虑，必须通过演讲实践，必须使自己处于真实的公众演讲的环境之中，无论成功与失败，都是必不可少的经历。但这种真实的演讲环境却是有成本的，不是每一个人想要有就能有的。案例中的我非常幸运，很多次都被老师指定为学生干部，而学生干部比普通学生有了更多的置身于真实演讲环境的机会。当然，我也并不是每次都能抓这样的机会，只是在大学期间抓住了。但是，为什么前几次没有抓住？一方面是动力不足，没有从思想上认识到提高公众演讲能力的重要性；另一方面是逃避心理，因为上台演讲会产生一种不适感，所以是尽可能逃避，不去上台演讲。然而，进入大学后，逐步认识到了提高公众演讲能力的重要性，以及想证明自己的内心动力，使我站了起来、走到了台上，并通过两次实践，克服了过度的公众演讲焦虑。一旦我突破了惧怕演讲的阶段，我就变得更加主动也更加有意愿地去进行公众演讲实践了。

我是幸运的，因为学生干部特别是主要学生干部的身份迫使我必须要去演讲。但对于大多数同学来说，虽然都知道提高演讲能力的重要性，但本身的惰性和逃避心理，使他们失去了许多本来就不多的锻炼机会，也造成了大学生在公众演讲能力上的"马太效应"。由于一些学生得到了锻炼的机会，率先突破了公众演讲焦虑，并有了非常好的公众演讲表现，这些学生就更愿意和有更多的机会参加公众演讲类或需要公众演讲能力的活动，他们的公众演讲能力也会再次被提升；而一些学生因为开始没有机会去锻炼，再加上惧怕心理和逃避心理，越往后就越难找到机会，他们的公众演讲能力就得不到发展。

因此，为所有学生创造参与公众演讲的机会，对于促进大部分学生提高公众演讲能力，从而破除大学生在公众演讲能力上的"马太效应"，具有非常重要的意义。一方面，高校可建立让所有学生都能参与公众演讲实践的机制。如有的高校实施学生干部轮换制，就使更多的学生得到了锻炼；再如，在本研究中实施的以班会形式让每一名学生上台演讲。另一方面，学生对待公众演讲活动也要树立正确的认知。上大学就是要学习知识、提高能力的，因此，不能怕失败。特别是对于公众演讲，演讲失败并没有使我们失去什么，既不少钱，又没少东西，不但没有失去什么，还使我们获得了经验。

3. 站在听众的角度思考自己的演讲内容

正如林伟贤所说的，每个人最关注的实际上是他自己。在日常生活中，许多人都特别在乎别人的看法，实际上根本没有必要，别人不会像你自己那样重视你，所以，你根本没有必要特别在乎别人的看法。但是，在公众演讲中，你所讲的是给听众听的。不能你想讲什么就讲什么，而是要分析听众的特点，说他们想听的事，说与他们有关的事情，这样才能引起他们的共鸣，才能提高演讲的实际效果。

给新生讲的那"三条道"就是这样一种思路。对于新入学的大学生，对大学既向往又新奇，用比较形象的方式告诉他们在大学里的选择，自然能引起他们的兴趣。

4. 列演讲提纲，不写出完整的演讲稿

在突破公众演讲焦虑后，我逐步明白了演讲是需要打腹稿的。打腹稿实际上就是准备演讲，准备的越充分，演讲的效果也会越好。但是怎么准备也很重要。通常我们会认为，把想说的全都写下来然后背过是比较好的方式。但这种方式需要耗费大量的精力，特别是对于一些经常遇到的演讲类活动，这种方式成本太高。就像我担任班长后参加的许多演讲类活动，如果全部都写出讲话稿再背下来，那是根本无法实现的。而采用列提纲的方法却是比较好的方式。列提纲的过程就思考演讲内容的过程，也是打腹稿的过程，列提纲不仅可以避免遗忘，而且还可以达到一边想一边讲的效果。

5. 想一个能吸引人的开头

我们经常说，万事开头难。写文章如此，公众演讲也是如此。如果一开始就能吸引住听众，那就会为后面的演讲奠定非常好的基础。对于"想一个能吸引人的开头"这条原则的思考和总结也是源于林伟贤课程的启发。他讲到开头就要与听众产生联系，为我们提供了一个如何开好头的方法，比如夸奖听众就是一个很好的方法。

6. 讲故事或自己的亲身经历

讲故事或自己的亲身经历是我在实践中使用过的最有效的方法。由于故事都遵循着一定的逻辑关系，记忆起来非常容易，不用记住每原话，只要按照逻辑脉络，用自己的话讲出来就行；而自己的亲身经历就更不存在记忆的问题了，当能够与别人分享自己的故事时，本身就是一件愉快的事情。故事和自己比较有特色的亲身经历也特别能吸引听众的注意，每当我讲故事时，我都能看到听众抬着头看着我，那是一种非常好的"高峰体验"，非常有成就感。

7. 深呼吸，并对自己说："相信自己，一定行！"

深呼吸可以增加大脑的供氧量，达到缓解演讲紧张的效果。而每次演讲前，我对自己说的"相信自己，一定行！"，最终都会产生神奇的效果——演讲的结果都会很好。当时，我并不知道这是为什么，只是知道，这样做就会有好的效果。

第三节　基于理论的思考

实际上，在本研究中提供的"站在听众的角度思考自己的演讲内容""列出演讲提纲，不写出完整的演讲稿""想一个能吸引人的开头""讲故事或自己的亲身经历""演讲前深呼吸，并对自己说，'相信自己，一定行！'"这五条公众演讲技巧，不仅是对实践的总结，而且还有理论的基础。这些理论涉及神经科学、心理学、教育学等。

一、思考者

思想和语言是紧密相关的。有人认为，思想是不出声的语言。一个思想在我们脑里通过，先想到某一层，次想到某一层，最后终结在某一层，这一层层如果用口说出，就是一串的语言。有些时候，脑中只有朦胧一团的知觉，不成为思想，那就用口也说不出，用笔也写不出[52]。也有人认为，语言对思维本身非常重要。我们并不是先有一个想法，然后找到语言来表达这个想法。相反，我们会用语言去思考。你是不是经常有这样的情况，"我知道自己想说什么，但我就是不知道应该怎么说。"事实上，如果你真正明白自己想说什么，你多半就能够说出来。在大多数情况下，当我们寻找"合适字眼"的时候，我们真正寻找的恰好就是合适的思想[117]。可见，无论是先有思想然后说出来就是语言，还是用语言去思考，都说明思想和语言是紧密相连的。

对于公众演讲来说，打腹稿的过程实际上就是思考的过程。通过思考形成思想，然后再把这些思想讲出来。因此，在克服过度的公众演讲焦虑后，公众演讲能否取得好的效果，关键就在于通过思考形成的思想是否深刻、是否能引起听众的共鸣。也就是说，当"敢讲不是问题"时，"讲什么以及如何讲"就成为最需要解决的问题了，而人与人之间在"讲什么以及如何讲"上面的差别，从根本上来说就是知识储备量和思想深刻性上的差别。知识储备的越多，公众演讲可用的素材就越多，可讲的就越多，就越能引起听众的兴趣；思想越深刻，透过现象看本质的能力就越强，就越能想到别人想不到的地方，讲出来的东西对听众有启发，自然也就能达到比较好的效果了。但是，知识储备是一个长期积累的过程。面对一次具体的演讲，演讲者当时的知识储备量是固定的，因此，要想提高公众演讲效果，当时能做的就是提高演讲者思想的深刻性。而本研究中提供的"站在听众的角度思考自己的演讲内容""列出演讲提纲，不写出完整的演讲稿""想一个能吸引人的开头"这三条原则，其目的就是在于帮助演讲者进行思考、提高演讲者思想的深刻性。

"站在听众的角度思考自己的演讲内容"，实际上讲的是换位思考的问题。由于人们太习惯于站在自己的角度思考问题，这就形成了思维的定势和惯性，而这种思维定式和惯性最大的危害就是制约了创新。也只有具备创新思维，才能看到别人看不到的地方，想到别人想不到的层面，思想的深刻性才能体现出来。换位思考属于逆向思维的一种，逆向思维是创新思维的基础之一，"从听众的角度考虑"培养的就是一种逆向思维的习惯，最终是希望演讲者掌握创新思维的方法，具备创新的能力。

"列出演讲提纲，不写出完整的演讲稿"，解决的是思维的逻辑性问题。人们对事物的认可分为感性认识和理性认识。逻辑思维超越了感性认识阶段，将思考上升到理性认识阶段。它将思维主体对客观事物的感性认识抽象成各种各样的概念，再通过这些概念进行价值判断，根据某种逻辑关系进行逻辑推理，从而对客观事物产生新的理性认识[118]。"列出演讲提纲"的过程，就是一种逻辑思考的过程，必然用到概念、判断、推理等逻辑思维工具。结合演讲主题会形成一些概念，在概念的基础上进行判断形成命题，然后通过合情推理和演绎推理来检验这个命题。"列提纲"促进了这一思维过程的形成，而且使演讲者先不拘泥于一些细节，而是从整体上去思考演讲内容的展开。另外，"列提纲"有利于对演讲内容的记忆。因为，提纲不仅符合逻辑，而且往往都是要点和关键点，大脑更容易记住这些关键点。到了正式演讲时，只要记住这些关键点，就算忘记了一些细节内容，也不会影响整体的演讲效果。

"想一个能吸引人的开头"，是从一个点的角度强调思维的创新性问题。怎样才能算是一个"吸引人的开头"？要做到"吸引人"就需要动脑筋去设计、去谋划。这个设计和谋划的过程，就是创新思维运作的过程。另外，"想一个能吸引人的开头"是具体的要求，通过这个具体的要求可以避免思维思考的泛泛化，有利于使演讲者集中在最重要的开头部分去思考、去创新，这样的思维模式一旦形成了，还可以扩展到其他方面。

因此，思想是公众演讲的基础。要想有好的演讲效果，演讲者必须是一个有思想的人，是一个能给听众以启发的人。正如美国哲学家莫蒂默·阿德勒所说："思考者倾向于用口头语言或者书面语言表达自己。声称知道自己的想法但无法将其表达出来的人，往往不知道自己的想法。"[119]

那么，怎样才能成为一个思考者或者说是思想者呢？神经生理研究认为，心理活动分为两个阶段：一是产生阶段，这个阶段与创造性思考联系最为紧密，大脑会产生各种关于问题和争议的概念、不同的解决方法和可能的解决途径；二是判断阶段，这个阶段与批判性思维联系最为紧密，大脑对产生的想法进行检查和评估，并且在适当的地方予以补充完善，然后做出判断[119]。为此，要成为一个思考者，这就需要掌握创新思维和批判思维的方法，其中创新思维负责新思想的产生，批判思维负责对新思想的反思。

1. 培养创新思维

针对同一件事情，不同的人会有不同的看法；解决同一个问题，不同人会给出不同的办法。为什么不同？这与每个人的成长背景有关、与每一个人的知识储备有关、还与每一个人的思维方式有关。在我们感叹别人的看法更深刻时、在我们钦佩别人给出的办法更有效时，我们应该知道，抛开成长背景和知识储备的原因，是不是因为别人比我们在思维方式上更具优势，也就是说，他们具备创新思维的思考方式。对于公众演讲活动也是这样，当你具备了创新思维，你就无论从看问题上还是分析问题上都会更加深刻，给出的解决方案也会更加可行，那么，你演讲的内容就更能引起听众的共鸣和认可，你公众演讲的效果就会越好，而你公众演讲自我效能也会在这种成功的经历中得到不断提升。

如何培养自己的创新思维？可以遵循以下原则去练习。

（1）逆向思维。所谓逆向思维，就是转换一种思维角度。对一件事情，不能只从一个方面去看待，还要从另一方面去看待；在大多数人的看法都一致时，你是不是能够从反面去思考。

有这样一故事。一名学生大学毕业后要到海军陆战队服兵役。当得到这个消息后，这名学生非常担心，怕到了海军陆战队会被安排去完成一些危险的任务。在大学当教授的爷爷，看到这几天孙子闷闷不乐，就找这名学生聊天。然后这名学生就

第六章　掌握公众演讲技巧　81

把他的顾虑告诉了爷爷。爷爷听完他的诉说后笑了笑，告诉他根本不用担心，因为他有两种选择。爷爷说："虽然你被分到海军陆战队，但是你有两种选择，一种是留在国内，一种是被派到国外，如何能够留在国内，你有什么可担心的。"孙子问："我如果被分到国外呢？"爷爷答："如果被分到国外，仍然有两种选择，一种是被安排和平国家，一种是被分到维和国家，如果被安排到和平国家，那还有什么好担心的。"孙子又问："但是，如果我被分配到维和国家呢？"爷爷答："如果被分到维和国家，还是有两种选择，一种是平安归来，一种是不幸受伤，如果能够平安归来，那就没有必要去担心。"孙子又问："如果我不幸受伤呢？"爷爷答："还是有两种选择，一种是被治愈康复，一种是不治死去，如果能够被治愈康复，那也是不错的。"孙子再问："如果我不治死去呢？"爷爷看了看孙子，然后说："同样有两种选择，一种是因为英勇战斗而牺牲成为英雄，一种是担小怯战被流弹打死而被人民唾弃，我想你肯定会选前者，既然会成为英雄，那也就不必再担心了。"

还有一个故事。动物园新引进了一群袋鼠。然后，动物园就为这些袋鼠建造了一圈高3米的栅栏，来放这些袋鼠。可是没想到，第二天，这群袋鼠却跑到了栅栏外。动物园管理员们很纳闷，想了半天，觉得是栅栏建低了，袋鼠从里面蹦了出来。于是就将栅栏加高到10米。可是，第二天，袋鼠们还是跑到了栅栏外。于是动物园管理员们继续加高栅栏到30米。然而，第二天，袋鼠们还是在栅栏外面。傍晚时分，一只袋鼠问另一只："老大，你说他们还会不会继续加强栅栏？"另一只回答："难说！如果他们继续忘记关栅栏门的话。"

在第一个故事中，正常的思维是看到了不好的一面，使用逆向思维就是不仅要看到不好的一面还要看到好的一面。在第二个故事中，正常的思维是加高栅栏，但逆向思维是发现没有关栅栏门。因此，使用逆向思维可以实现辩证地看问题，有利于发现问题的关键环节。

（2）类比思维。所谓类比思维，实际上就是一种模仿，特别是跨领域的模仿。创造性思维经常会发生在某人将领域内与领域外的东西相连接的时候。古登堡在观察葡萄榨汁机如何运作的过程中产生了发明印刷机的想法，铲车的发明者从甜甜圈运输机得到了灵感，他们都运用了类比思维[119]。

其实，类比思维用的最多的领域是仿生学。对鸟儿飞翔的模仿，使我们发明了飞机；对鱼儿游泳的模仿，使我们发明了潜水艇；对蝙蝠释放超声波的模仿，使我们发明了雷达……这一个又一个的发明，只不过是对动物某种技能的模仿。

类比思维不仅可以用在发明创造上，还可以用在日常生活工作中。比如，当领导交给你一项任务是，比较快的做法就是先看看前人是怎么做的、别人是怎么做的，在此基础上是不是可以有所发展。再如，当学习别人的成功经验时，就可以思考这些成功经验是否可以借鉴，在自己的工作是否可以使用。

因此，培养创新思维模式要注重对类比思维的运用，使这种思维习惯由强制而转化为自然。

（3）组合思维。所谓组合思维，就是将两种东西组合起来，这两种东西体现的功能在最后组合的这个东西上得到集中体现。如矿工的帽子就是将手电筒和安全帽组合在一起，轮椅是将椅子与车轮子组合在了一起。

我自身也遇到过使用组合思维的实例。随着旋转拖布的发明，越来越多家庭都配备了包括旋转拖布在内的整套设备。在使用这套设备时，我觉得最麻烦的是在甩干拖布后，需要将旋转拖布桶里的水倒掉。于是就思考，如果能将旋转拖布与家里固定的带上下水的拖布池结合起来，是不是就可以省去抬桶倒水的过程。后来，我在淘宝上发现了跟我想的一样的产品，购买使用后，效果非常好。

当前，关于组合思维应用最集中地体现在手机上。手机从开始的接听电话，发展到现在可以实现的众多功能，应用的就是组合思维。

2. 培养批判思维

创新思维负责新思想的产生，批判思维需要对新产生的思想进行判断。当然，创新思维和批判思维是交互发挥作用的，并不是创新思维全部实施后，再去实施批判思维，而是创新思维运作过程中实时的进行批判思维的反思。

要保证批判思维的正常运转，首先要做到思维谦逊。思维谦逊就是要知道自己对未知知识领域的探知不足，这意味着个体对自己的偏见和观点的局限性有所了解，它要求我们清晰地认识到自己有哪些信息是不知道的。思维谦逊要求我们觉察并且评估自己的信念基础，找出那些不能被正确的推理所支持的信念[120]。总之，要运用批判思维，首先要认识到个人思维的局限性，只有以这样的认知为基础，才有可能去进行反思，从而查找到不足，进行改进。

其次，要做到思维勇气。具有思维勇气就意味着个体能够公正地面对各种意见、信念和观点，即使这会让你感到痛苦[120]。之所以说是"勇气"，主要体现在敢于自我否定上。实际上，每个人都不愿意否定自我，否定自我是痛苦的，但却是批判思维所必需的。结合形成的新思想进行反思，并且敢于去否定这一新思想，一旦确立了这样一种态度，更多的新思想会迸发而出，最终的想法也会更加趋于完善。

具备了思维谦逊和思维勇气，然后就可以运用创新思维中的逆向思维和换位思考对新思想进行检验，不被他人的观点所左右，也不被自己固有的思想所影响，从而实现独立思考和理性思考。

在运用批判思维时，要着重防止出现以下思维定式：

（1）"不是/就是"的思维定式。所谓"不是/就是"的思维定式，就是把所有的事情都看作只有两种选择。比如，对一个人作评价——不是好人就是坏人，但实际上人性是复杂的，并不能这样武断地下结论，必须具体情况具体分析。如果采用"不是/就是"的思维方式，就会忽略其他许多有价值的信息。

（2）"过度简化"的思维定式。所谓"过度简化"的思维定式，就是对一个命题的判断过于简单化。比如，有人认为，这次美国大选希拉里失败的原因就是因为"邮件门"的曝光。我们不能说这是错的，但显然是不全面的，因为还有很多很多的因素。

（3）"过度泛化"的思维定式。所谓"过度泛化"的思维定势，就是指接受了一个有效的观点，并将其扩展到合理范围之外。比如，"杀人是错误的"，这个观点在大多数情况下是对的，但在有些情境下也需要区别对待，如果是警察在执行任务时出于自卫杀了人，那就不能说是错误的。

综上所述，成为一名优秀的思考者是成为一名优秀的演讲者的前提和基础。如何成为优秀的思考者？需要掌握创新思维和批判思维的方法，还需要不断地去实践，按照正确的方法不断地去思考，[120]最终形成一种良好的思维习惯。

二、讲故事

讲故事是实现成功的演讲的秘诀。有人指出，我们的大脑记不住我们听到的，只会记得我们"看到的"或是听的过程中联想到的。听故事时，你会看到大海，感受到微风，还能嗅到花香，你能够让自己置身于故事中，在演讲者的讲述中身临其境。[121]有人通过做实验发现，故事能够使观众和演讲者的大脑"同步"，我们的大脑活动在听故事时会变得更加活跃，故事可以刺激整个大脑，让语言、感觉、视觉和运动区域都活跃起来[122]。斯坦福大学的研究表明，相比统计数据给人留下的印象，故事给人留下的印象要高出10倍。

故事之所以能产生这样的效果，原因就在于故事与我们大脑释放的化学物质有关：优秀的故事刺激催产素、皮质醇以及多巴胺的释放[124]。催产素是可产生爱、亲密和拥抱感觉的化学物质，优秀的角色刺激催产素的释放，不管你的故事是听来的还是原创的，听众一旦与主人公产生共鸣，催产素就会被释放；皮质醇是可产生压力、恐惧和震惊感觉的化学物质，两难的困境刺激皮质醇的释放，每个好故事都会有两难的困境，正是这种困境的创建，吸引了观众；多巴胺是可产生回报奖励性感觉的化学物质。好的故事结局刺激多巴胺的释放。人们总是很期待听到故事的结尾，因为人们总想获知最终结局，这就刺激了多巴胺的释放。

可见，学会讲故事对于公众演讲多么重要。而本研究中提到的第四条原则正是"讲故事或自己的亲身经历"。但是，如何才能讲好一个故事呢？其实，讲好一个故事并不难，难的是你所讲的故事本事是不是一个"好故事"。为此，我们要做好对"好故事"的积累。

1. 要积累哲理类故事

哲理类故事多是虚构的但能发人深省的故事。比如，前文提到的《世间什么最珍贵》《你有两种选择》就属于这一类。于丹的演讲中就较多地运用了这类故事，先讲一个哲理故事，然后再把这个故事中蕴含的道理讲出来，听众的印象就会非常深刻。

2. 要积累历史类故事

以史为鉴，可以知兴替。许多历史上真实发生的事情，对现实都是非常有借鉴意义的。如果在你的演讲中，能够引用一些历史故事，必然会增强你演讲的说服力和感染力。

3. 要积累个人成长经历类故事

每个人的成长过程中，都会遇到这样或那样的事情，其中一些印象深刻且具有启发、借鉴意义的事情，也可以成为公众演讲时的故事素材。但是，在实际运用时，讲个人成长经历容易出现问题的地方：是故事只感动了自己，并没有感动听众。因此，第一条原则中强调的换位思考就非常重要的。一定要从听众的角度思考：你所讲的个人经历能否引起听众的兴趣、能否说明你想要表达的意思。

三、心理暗示

有这样一个任务：将一块宽0.5米、长10米的厚木板放在地面上，你是否可以从一端走到另一端？所有人的回答都应该是可以。但是，如果将同样的厚木板放在100米的高空，你是否还能从一端走到另一端？我想，绝大部分的人都会说不可以。为什么同样的木板，只是放置的位置不同，就会有这样两种截然不同的结果的呢？那是因为我们的潜意识在作怪。

潜意识是相对于有意识而言的。有意识控制着我们日常的行为，使我们可以感知到周围、感知到自我；潜意识同样会控制着我们的行为，但往往不被我们所感知到。我们的心脏正常跳动、血液顺畅流动，我们的呼吸、我们的神经系统、我们的消化系统的转运，这些都是与潜意识分不开的。潜意识像一个"门神"，日复一日、年复一年地忠于职守，保护着我们免受外界的伤害。所以，当让你在100米的高空走过10米长的厚木板时，你的潜意识告诉你，这是危险的，你不能去。

对于公众演讲活动也是这样，当你需要面对多人进行演讲时，许多双眼睛看着你时，古老的遗传基因会认为为这是一种危险，你的潜意识开始发挥作用，指挥着你的身体要逃避这一境域，你身体的各方面资源开始为"逃跑"做准备，演讲焦虑和紧张开始上升，你不能专注于你的演讲。现在，我们知道，这是没有必要的，公众演讲并没有危险，但潜意识并不这么认为，所以，要克服公众演讲焦虑，就有必要与你的潜意识进行"交流"和"沟通"，从而避免它作出"过度"的判断。

如何控制自己的潜意识？目前来看，心理暗示是与潜意识"交流"的主要工具。

什么是暗示？它可以被定义为："把一种思想强加给另一个人的大脑的行为。"研究者认为，其实纯粹意义上的"暗示"是不存在的，"暗示"只有转化为"自我暗示"才能发挥作用。自我暗示可以定义为："一个人对自身进行的思想灌输"[125]。

研究表明，积极的心理暗示对于帮助治疗某些病症起到一定作用[126, 127]，对于提高学生的自我效能以及体育运动方面的表现发挥着作用[128, 129]。因此，开展积极的自我暗示，对于提高公众演讲自我效能和效果必然也会起到非常重要的作用。

如何进行自我暗示？

（1）进行深呼吸。当身体完全放松下来、脑细胞都安静下来时，是给自己做心理暗示的最佳时刻。深呼吸可以使人放松，特别是在伴随着精神上的自我肯定，能够驱散一切恐惧、伤感和疾病，能够吸引一切你想要的东西来到你的身边[125]。

（2）"重复"的自我肯定。在身体放松的情况下，将想对自己潜意识说的话，重复多遍的默念，时间长了就会产生意想不到的效果。

以上是关于心理暗示的相关理论研究。基于这一理论，在本研究中提出的第五条原则——演讲前深呼吸，并对自己说，"相信自己，一定行！"——不仅是一种经验的总结，也是有理论基础的。

第七章 控制公众演讲焦虑

在第五章，我们初步得出了公众演讲自我效能的形成离不开演讲实践、成功的演讲经历是公众演讲自我效能形成的基础、学习演讲掌握性技巧和控制演讲焦虑是公众演讲自我效能形成的主要信息来源的结论。这三点结论是建立在对大样本数据分析的基础之上的。在第六章，我们又对应该学习什么公众演讲掌握性经验和为什么学习这些公众演讲掌握性经验进行了深入讨论。为了进一步验证前面总结的初步结论，更为了进一步探寻公众演讲自我效能、公众演讲能力、公众演讲掌握性经验、公众演讲焦虑等之间的关系，我们又开展了一项准实验研究。本章将对这项准实验的研究情况及数据结果做进一步深入分析。

第一节 项目的实施

根据第五章、第六章的分析，公众演讲自我效能的提升根本在于使演讲者获得成功的演讲经历。怎样获得？一是必须进行演讲实践，二是在演讲实践过程中使演讲者掌握演讲技巧和控制演讲焦虑。因此，设计了一项以培训掌握公众演讲技巧为核心内容的实验。具体的实验设计已在第三章做了介绍，这里主要就实验实施情况及存在的问题做进一步说明。

一、实施

这项实验于2016年5月份开始实施，历时1个多月的时间。参与实验的学生为化工学院、信息学院、材料学院、电气学院、建工学院一年级学生，每个学院选择了2个班级，共10个班级总计264人，其中实验组学生138人，对照组学生126人。

确定研究对象后，首先对两组学生分别进行公众演讲自我效能的测量，使用的是"公众演讲自我效能自陈量表"（附录2）。

然后对实验组学生进行公众演讲技巧的培训。培训主要采用了书面培训的方式，通过撰写"致参与提高演讲能力研究项目学生的信"，把实验的目的意义及实施方式向实验组全体学生进行了说明，并简要介绍了5个演讲技巧。采用书面培训方式的原因，主要是考虑到实验的成本和可推广性。因为，本次实验的目的之一还在于接下来的推广。如果实验有效，将面向全校学生推广，使所有学生都按本实验的方式进行训练。因此，如果采用过复杂的培训方式，如开设专门课程或讲专业教师讲解演讲技巧等，不仅会增加实验的成本，更会影响实验今后的可推广性。本研究是希望找到一种方便快捷的演讲技巧培训方式，在不增加成本的基础上，努力帮助更多学生提高公众演讲自我效能。

之后利用每周末晚讲评的时间，在辅导员完成晚讲评后，留下实验组学生，依照学号顺序，学生依次上台进行演讲。演讲学生上台前，安排专人为其配戴NeuroSky Mindwave Mobile 和 Polar 心率表，并做好演讲开始和演讲结束时间的记录。同时，安排10名高年级学生依据"公众演讲评价量表"（附录5），对演讲者的演讲表现进行打分评价。

每个演讲题目给演讲者一周的准备时间，整个活动持续了六周。在五次演讲结束后，再次组织实验组学生和对照组学生填写"公众演讲自我效能自陈量表"（附录2）。为进一步了解参与实验学生在掌握演讲技巧和控制演讲焦虑的情况，又组织实验组学生填写了"公众演讲实验项目问卷"（附录6）。之后，实验结束。

整个实验过程看似简单，但在具体实施中却相当复杂且面临着很多困难。

1. 学生组织上的困难

本实验严格遵循相关伦理要求，所有参与实验的学生完全自愿，并将实验相关信息对学生进行事先说明。尽管绝大部分学生都有提高公众演讲能力的意愿，但在真正参与到实验中的上台演讲时，还是有一些畏难情绪，且由于5月份校园活动比较多，致使出现了一些学生缺席演讲的情况。但在组织实验的工作人员的共同努力下，最终确保了大部分学生坚持完成了5次演讲。

2. 实验设备操作的困难

本实验对演讲焦虑的测量采用了行为测量的方法，通过NeuroSky Mindwave Mobile记录演讲者的演讲过程中的实时放松度、专注度和眨眼强度，通过Polar心率表记录演讲者在演讲过程中的实时R-R间期。这使得对演讲焦虑的测量更为科学，但在实际操作中发现，两件测量设备的配戴并不简单。

Mindwave Mobile是一个头戴耳机设计的设备，如图7-1所示。主要有两个传感器，一个置于前额左部并须紧贴前额皮肤，另一个须夹在左耳垂上。该设备通过接收器与电脑相连。具体使用起来发现，该设备在配戴后，配戴者静止状态下比较稳定，但是，演讲是站立着的，且有时会有走动、转体、抬头、低头等动作，致使设备运行的稳定性下降，有时出现无数据或与电脑断开连接的情况。另外，在演讲者转换过程中，从前一个人头上摘下设备再戴到第二个人头上，需要耗费一定时间，而且与电脑连接也会经常出现错误。这都需要组织者耗费大量的精力。

Polar心率表是通过心率传感器与胸带（图7-2）收集心率数据，须配戴在胸下腹上部位。心率传感器通过蓝牙与Polar主机座（图7-3）连接，然后再将实时数据传输给电脑。配戴心率传感器与胸带比较简单，但在从前一位演讲者解下再系到下一位演讲者过程中需要耗费一定时间，且需要准确记录下演讲者配戴心率胸带演讲时的时间间期，并在输出数据时与每一位演讲者一一对应。这些都需要耗费巨大的工作量，而且在具体操作过程中很容易出现失误。

为此，组织者专门选拔了固定的设备操作人员，并对设备操作人员进行了认真细致的培训。尽管在实验实施过程中，不可避免地出现了一些问题，但最终还是保证收集到了绝大部分的脑电波和心率数据。

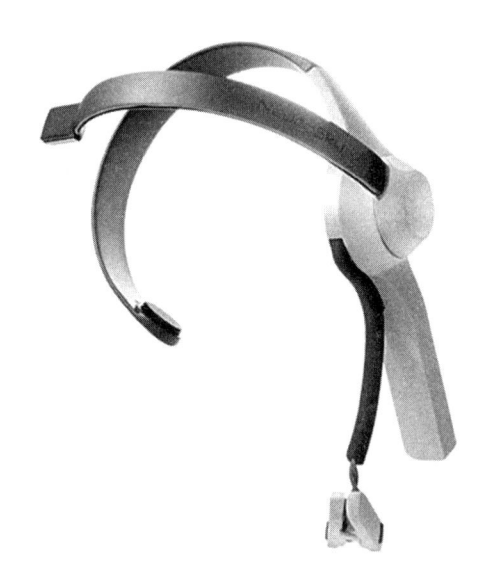

图7-2　心率传感器与胸带示意图

图7-1　Mindwave Mobile示意图

图7-3　Polar主机座示意图

3. 实验指令信息传递的困难

该实验成功的核心是实验组学生能按照实验设计依步骤完成，使每一名参与实验人员了解整个实验要求有利于实验的顺利实施。由于实验组学生来自5个学院，且他们的课程等教学安排都不相同，集中统一组织的困难较大。为此，组织者采用了分学院进行组织的方法，并由每个学院参与实验学生的辅导员作为实验指令信息上传下达的主要操作者。也就是说，所有涉及实验的各种指令信息，都由组织者传递给辅导员，再由辅导员传递给学生。这种方式，操作起来较为简便，但不可避免地会出现一些信息衰减。为此，实验组织者一方面通过文字的形式，将实验的目的、步骤、要求等信息直接传递给实验参与者；另一方面重点加强了对5位辅导员的培训，并在每一次演讲后及时互通相关信息，及时纠正可能出现的问题。

二、问题

尽管为了完成好这次实验做了大量工作,但不得不说,"社会科学的实验永远是一项遗憾的工作。"总有一些问题是事前没有考虑到的,也总会出一些本应可以避免的问题。本实验也出现了一些问题。

1. 公众演讲自我效能测量上的问题

完成实验组和对照组学生公众演讲自我效能的前测和后测,是检验培训是否对提高公众演讲自我效能有效的最关键数据。一方面,要保证对实验组和对照组学生同时进行公众演讲自我效能的前测和后测;另一方面,对实验组学生的前测应该在学生进行5次演讲之前,后测应该在学生进行5次演讲之后。但是,在具体操作过程中,由于信息传递上的失误,有一个学院对实验组学生的公众演讲自我效能的前测是在学生完成了第1次演讲后进行的,这就造成了测量上的偏误。尽管这个学院参与实验学生的其他测量数据都很完整,但是,为了保证实验的科学性,不得不舍弃了这个学院的数据。

2. 脑电波数据采集的问题

脑电波数据的采集是通过Mindwave Mobile完成的,Mindwave Mobile会实时反馈放松度、专注度和眨眼强度。按照研究设计,放松度将用于对公众演讲焦虑的度量,但在实际操作中却发现了一些问题:一是放松度和专注度数据的采集非常不稳定。数据是按秒记录的,经常会出现连续10多个数据是0。显然,放松度是0的可能性比较小,主要原因应该是在当演讲者身体有较大幅度的动作时可能会出现一时的接触不良。二是在极度紧张时,放松度反而会输出100的值。实验中发现,一名演讲者在第一次演讲时上台后出现了大脑一片空白的情况,按照对公众演讲焦虑的度量,这时的紧张程度是非常高的,也就是放松度应该是非常低的,但测量的结果却是非常高,这与研究设计的初衷不符。造成这一结果的原因在于,当极度紧张使大脑一片空白时与进入冥想状况的完全放松是非常相似的,仪器不能判断出是因为紧张造成的冥想状态、还是因为放松造成的冥想状态。面对这样的问题,可能造成Mindwave Mobile测量的数据无法使用。

面对上述困难,我们积极寻找替代方案。通过分析输出的数据发现,当演讲者每一次眨眼时,系统会输出一个代表眨眼强度的值,也就说,眨眼强度的数据并不是按每秒输出的,而放松度是按秒输出的。尽管放松度的数值不可用,但通过计算眨眼强度数据的个数和放松度数据的个数,并用眨眼强度数据的个数除以放松度数据的个数,可以构造出一个眨眼频率的数据。而眨眼频率可以作为度量公众演讲焦虑的指标。

为此，通过 Mindwave Mobile 测量的数据计算出眨眼频率作为对公众演讲焦虑度量的一个指标。

3. 数据缺失的问题

通过前期的努力，虽然得到了大多数的眨眼频率和 R-R 间期数据，但每次演讲得到的数据在前后对应上却出现一定偏差。也就是说，由于设备具体操作问题，可能第一次演讲时，得到的是前两组的眨眼频率数据；而第二次演讲时，得到的却是后两组的眨眼频率数据，这样就造成无法使用差分法对前后两组数据进行比较分析。

对得到的数据进行具体分析时发现：在眨眼频率数据方面，每一次演讲缺失 62 个数据，第二次演讲缺失 23 个数据，第三次演讲缺失 33 个数据，第四次演讲缺失 19 个数据，第五次演讲缺失 18 个数据；在 R-R 间期方面，第一次演讲缺失 11 个数据，第二次演讲缺失 22 个数据，第三次演讲缺失 48 个数据，第四次演讲缺失 36 个数据，第五次演讲缺失 45 个数据。

为此，采用了两种补救措施。一是在使用两期差分法时，选择数据较全的两组数据进行分析，这样就可以有效地扩大样本的数量。如在研究公众演讲焦虑对公众演讲自我效能的影响时，眨眼频率方面可使用第 5 次演讲和第 2 次演讲的数据进行差分，R-R 间期方面可使用第 2 次演讲和第 1 次演讲的数据进行差分。二是通过补缺值的方法来解决。具体是使用 SPSS 中的"点处的线性趋势"方法来实现的。

三、数据

通过对实验的实施和有关问题的解决，各变量及最终获得的数据统计情况如下：

1. 实验组

变量名称及内涵情况如表 7-1 所示。变量补缺值后的命名原则是在其后加上"_1"，如变量"bt1"缺值后的名称是"bt1_1"。

表 7-1　实验组变量描述

xn1	前测的公众演讲自我效能
xn2	后测的公众演讲自我效能
bt1	第一次演讲时的眨眼频率（次/秒）
bt2	第二次演讲时的眨眼频率（次/秒）
bt3	第三次演讲时的眨眼频率（次/秒）
bt4	第四次演讲时的眨眼频率（次/秒）
bt5	第五次演讲时的眨眼频率（次/秒）
rr1	第一次演讲时 R-R 间期的平均值（毫秒）

续表

rr2	第二次演讲时R-R间期的平均值（毫秒）	
rr3	第三次演讲时R-R间期的平均值（毫秒）	
rr4	第四次演讲时R-R间期的平均值（毫秒）	
rr5	第五次演讲时R-R间期的平均值（毫秒）	
pj1	10名评委对第一次演讲表现打分的中位数	
pj2	10名评委对第二次演讲表现打分的中位数	
pj3	10名评委对第三次演讲表现打分的中位数	
pj4	10名评委对第四次演讲表现打分的中位数	
pj5	10名评委对第五次演讲表现打分的中位数	
npj1	10名评委对第一次演讲表现（内容部分）打分的中位数	
npj2	10名评委对第二次演讲表现（内容部分）打分的中位数	
npj3	10名评委对第三次演讲表现（内容部分）打分的中位数	
npj4	10名评委对第四次演讲表现（内容部分）打分的中位数	
npj5	10名评委对第五次演讲表现（内容部分）打分的中位数	

各变量描述性统计情况如表7-2所示。

表7-2 实验组变量的描述性统计

变量	均值	标准差	最小值	最大值	有效数
xn1	59.54	16.363	24	96	112
xn2	81.17	16.775	45	111	112
bt1	1.25	0.528	0.18	2.55	53
bt2	1.04	0.474	0.09	2.43	92
bt3	0.95	0.501	0.11	2.18	82
bt4	0.97	0.436	0.11	2.18	96
bt5	1.02	0.397	0.23	2.38	97
rr1	554.49	129.006	19.06	1171.03	104
rr2	541.63	90.272	396.37	900.16	93
rr3	561.88	95.658	383.97	785.46	67
rr4	582.77	147.942	390.09	1195.02	79
rr5	570.09	119.758	42.18	782.83	70
pj1	67.45	9.866	44	94	109
pj2	69.64	9.093	40	95	107

续表

变量	均值	标准差	最小值	最大值	有效数
pj3	71.25	7.621	57	93	105
pj4	73.99	11.105	54	95	97
pj5	75.18	12.611	56	97	103
npj1	41.13	5.603	28	57	109
npj2	42.58	5.081	26	57	107
npj3	43.81	3.995	36	54	105
npj4	45.12	6.199	30	57	97
npj5	45.58	7.134	33	58	103

2. 对照组

变量名称及描述性统计情况如表7-3所示。

表7-3 对照组变量的描述性统计

变量		均值	标准差	最小值	最大值	有效数
dxn1	前测的公众演讲自我效能	68.99	15.268	20	101	126
dxn2	后测的公众演讲自我效能	68.25	11.785	24	96	126

第二节 项目的成效

在获得全部实验数据后，首先需要验证的是实验组学生相对于对照组学生的公众演讲自我效能是否显著提升，这是检验实验中实施的公众演讲技巧培训项目是否有效的根本需要。

一、模型

为此，依据对实验组和对照组公众演讲自我效能前测和后测得到的数据，建立了一个混合横截面数据样本，并构建了相应的模型，具体见（式7.1）。

$$xn = \beta_0 + \delta_0 d2 + \beta_1 dT + \delta_1 d2 \cdot dT + \mu \quad (式7.1)$$

其中，变量 xn 是公众演讲自我效能，包括实验组和控制组所有学生前测和后测的公众演讲自我效能。变量 $d2$ 是一个虚拟变量，如果数据是学生后测公众演讲自我效能的值，它就等于1，否则等于0。dT 也是一个虚拟变量，如果数据是实验组学生的，它就等于1，否则等于0。$d2 \cdot dT$ 是一个交互项。

截距代表对照组学生公众演讲自我效能的平均值。参数概括了对照组学生公众演讲自我效能后测向对于前测的变化。变量 dT 的系数度量了实验组学生相对于对照组学生在公众演讲自我效能前测方面的差异。交互项 $d2·dT$ 的系数是我们最关注的，它是一个倍差估计量，度量了实验组相对于对照组学生在公众演讲自我效能前测到后测平均变化上的差异，也就是实验组学生在参加完公众演讲技巧培训项目的训练后相对于对照组学生在公众演讲自我效能提升方面是否有显著变化。

二、OLS 估计

使用样本数据对（式7.1）做OLS回归，具体估计值如表7-4所示。

表7-4　公众演讲技巧培训项目的实验效果

自变量	系数	标准误
常数项	68.992***	1.344
$d2$	−0.746	1.901
dT	−9.447***	1.959
$d2·dT$	22.371***	d2.771
观测次数	476	
R^2	0.198	
调整 R^2	0.193	

注：*** 表示1%的显著水平，** 表示5%的显著水平，* 表示10%的显著水平。

三、分析

根据表7-4所示给出的估计结果，可以获得以下信息：

一是常数项是68.992，且在1%统计水平上显著，说明对照组学生公众演讲自我效能的平均值是68.992。

二是 $d2$ 的系数是−0.746，统计上不显著，说明对照组学生在实验期间公众演讲自我效能没有显著变化。也就是说，实验期间，没有参加公众演讲技巧培训项目的学生的公众演讲自我效能没有提高。

三是 dT 的系数是−9.447，且在1%统计水平上显著，说明在前测方面，实验组学生的公众演讲自我效能的平均值比对照组学生低9.447。也就是说，参加公众演讲技巧培训项目学生的公众演讲自我效能前测的平均值是59.545，明显低于对照组学生的前测成绩。

四是交互项 $d2·dT$ 的系数是 22.371，且在 1% 统计水平上显著，说明公众演讲技巧培训项目的实施，使实验组学生公众演讲自我效能平均值的提升比对照组学生高出了 22.371，且在统计上非常显著。

根据以上信息，我们可以得出：尽管我们不知道为什么实验组学生的公众演讲自我效能前测成绩低于控制组学生，但参加完公众演讲技巧培训项目后，实验组学生公众演讲自我效能是显著高于对照组学生，这说明，公众演讲技巧培训对于提高学生公众演讲自我效能是非常有效的。

第三节　项目的分析

前面，我们证明了公众演讲技巧培训项目提高了学生公众演讲自我效能，但为什么提高了，或者说公众演讲技巧培训是怎么促进学生公众演讲自我效能提升的，还需要做进一步的分析。

一、基于理论的分析

根据自我效能理论和第 5 章的分析，我们初步得出了掌握演讲技巧和控制演讲焦虑是公众演讲自我效能形成的最主要的信息来源。在公众演讲技巧培训项目的实施过程中，我们有理由认为，该项目在促进学生掌握演讲技巧和帮助学生控制演讲焦虑方面发挥了作用。

1. 项目实施对提高学生公众演讲自我效能的影响路径

一是该项目使学生初步学习了一些非常实用的演讲技巧。项目为学生提供了五个演讲技巧，这五个演讲技巧的描述非常简单，并没有长篇大论，只是提供原则上的建议，但对于学生来说对这五个演讲技巧的理解并没有什么困难。如"讲故事或自己的亲身经历"是其中的一条，培训中并没有告诉学生如何讲故事、如何讲自身的亲身经历，但对于大学生而言，是完全可以理解这条技巧的内涵的，而且对于怎么讲故事、怎么讲自身的经历应该也是可以自己解决的问题。虽然这五条演讲技巧在描述上比较简单，理解上也没有什么困难，但其内涵还是非常丰富的，对这五条演讲技巧的提炼也是基于相关演讲理论和实践经验的总结实现的。在第 6 章已经对这五条公众演讲技巧做深入分析。但是，需要说明的是由于对演讲技巧的学习是通过阅读书面材料完成的，并没有深入地讲解，存在学生学习效果不佳的可能。因此，我们的判断是演讲技巧的书面学习对公众演讲自我效能应该能够产生影响，但影响的效果不会太大。因为毕竟掌握一项演讲技巧并不是一件容易的事情，是需要通过大量的实践来强化的。

二是该项目对帮助学生实验和检验公众演讲技巧提供了可能。技能的掌握是必须通过实践的，对于公众演讲活动也是这样。之前学习的演讲技巧只是停留的知识层面，这些知识能否转化成实际的能力，必须通过实践来锻炼，也必须通过实践来检验。该项目在对学生进行演讲技巧书面培训后即组织学生参与5次实际地面对多人的公众演讲，一个主要的目的就是让学生通过演讲实践来检验和验证这五个演讲技巧，从而达到对演讲技巧的"深入学习"，使之转化为演讲技能。由于对演讲技巧的书面学习比较简单，能够学会这些演讲技巧，实际上关键在个体。也就是说，个体的学习能力以及努力程度对掌握公众演讲技巧起到重要作用。因此，项目只是提供了学习实践演讲技巧的可能，至于学生是否能习得公众演讲技能，关键还在于学生自身的努力。这也再次说明了之前的判断：项目中对帮助学生演讲技巧有效果，但效果不会太大。但是，该项目相对于那些不告诉学生演讲技巧只是单纯进行演讲实践的项目来说，应该对提高公众演讲自我效能有更大的效果。

三是该项目使学生在适应演讲环境过程中降低了公众演讲焦虑。5次的公众演讲实践是足够大多数人实现对演讲环境的适应的了。根据经验判断，尽管演讲焦虑不可避免，但过度的演讲焦虑一般只出现在前三次演讲之中（当然，这里的前提假设的这三次演讲环境是相同，也就是说，如果变换演讲环境，这一假设并不能完全成立。比如，一个人虽然适应了面对30人的公众演讲环境，但如果将这30人扩大到300人甚至3000人，这个人仍然会有出现过度演讲焦虑的可能），随着参与演讲活动的增加，学生会越来越适应演讲环境，而随着适应度的提高，其过度紧张的不适感也会降低，演讲焦虑自然会下降。当然，这一过程并不适合所有人，这里只是一种统计上的概念，对大多数人应该是这样的结果。另外，在该项目中，对降低公众演讲焦虑的实现并不只是单纯地通过5次演讲实践实现的，实际上，在演讲实践中对演讲技巧的掌握也会降低公众演讲环境造成的应激反应。也就是说，通过学习、实践并最终掌握演讲技巧的过程，对降低公众演讲焦虑联合发挥着作用，但很难区分出公众演讲焦虑的下降到底是来源于演讲实践本身，还是在演讲实践中对演讲技巧的掌握。

根据以上分析，可以看到，公众演讲技巧培训项目可以通过帮助学生掌握演讲技巧和控制演讲焦虑实现对公众演讲自我效能的提升，但最终是不是这一样一个路径，还需要通过接下来的数据验证。另外，还有一个问题需要提出：该项目实施中，是否还有其他因素对公众演讲自我效能产生影响？比如，学生干部身份、归因方式等。接下来首先回答这个问题。

2. 对去除个人异质性的分析

在第5章，通过大样本的数据分析，我们初步得出对公众演讲自我效能有影响的变量是公众演讲技巧、公众演讲焦虑、学生干部身份、参加学生活动的频率、对提高演讲能力的付出、参与演讲课程情况以及倾向于从自身找原因的归因方式等，其中最核心的是公众演讲技巧和公众演讲焦虑。而性别、城乡、区域、独生、家庭经济状况等变量对公众演讲自我效能形成没有明显影响。以上结论是建立在横截面样本数据分析的基础之上的。公众演讲技巧培训项目实验给出了一个包含两时期的面板数据，这为我们进一步深入分析影响公众演讲自我效能的影响因素提供了可能。

通过对两时期的面板数据进行一阶差分处理，可以去除一些不随时间变化的因素的影响。对于该实验可以这样分析：把影响公众演讲自我效能的影响因素分为两类，一类是实验期间恒定不变的，另一类是随着实验的实施变化的。然后对两时期的数据做差分，对于该实验来说，因变量用公众演讲自我效能的后测值减去前测值；自变量是用其中随实验变化的公众演讲技巧掌握情况和公众演讲焦虑下降情况的第5次测量的值减去第1次测量的值，而随实验不变的自变量则在差分中被去除。

由于公众演讲技巧培训项目是个短时期的项目，只有6周时间，因此，诸如个体特征的因素（如性别、城乡、区域、独生、家庭经济状况等，以及学生干部身份、参加学生活动频率、参与演讲课程情况、归因方式等）在这6周里是不会发生变化的。这样，通过使用差分法，就可以去除掉个人异质性。

对于以上分析，如果能够通过数据验证，我们就可以进一步证明那些代表个体特征的不论是观测到的还是观测不到的变量，只要它们是固定不变的，其对公众演讲自我效能就不会产生影响。首先，在第5章中已排除的自变量都可以排除；其次，作为解释变量的学生干部、学生活动、归因方式等也可以排除。真正对公众演讲自我效能有影响的应该是公众演讲技巧掌握情况、公众演讲焦虑下降情况、对公众演讲能力提升的付出以及学习能力等。其中，对公众演讲能力提升的付出和学习能力比较难测量，也不是研究的重点，因此，这里重点考察公众演讲技巧和公众演讲焦虑对公众演讲自我效能的影响。

二、基于数据的分析

通过公众演讲技巧培训项目，我们得到了一个基于实验组的面板数据。其中，除了公众演讲自我效能（xn）只有两期的数据外，其他变量：度量公众演讲能力的变量——对公众演讲表现的评价（pj）、度量对公众演讲技巧掌握情况评价的变量——对公众演讲内容方面的评价（npj），度量公众演讲焦虑的变量——眨眼频率（bt）和R-R间期（rr）都有五期的数据。下面，将就公众演讲技巧和公众演讲焦虑对公众演讲自我效能的影响做进一步深入分析。

1. 模型

根据上一节的分析，我们构建了以下模型：

$$xn_t = \beta_0 + \delta_0 d2_t + \beta_1 npj_t + \beta_2 bt_t + \beta_3 rr_t + \alpha + \mu_t, \quad t = 1, 2 \qquad （式7.2）$$

t表示期数，$d2_t$是一个虚拟变量，t等于1时，$d2_t$等于0；t等于2时，$d2_t$等于1。a是代表那些不随时间变化的众多影响因素。

然后用$t=2$的方程减去$t=1$的方程，就得到了一阶差分模型：

$$\Delta xn_t = \delta_0 + \beta_1 \Delta npj + \beta_2 \Delta bt + \beta_3 \Delta rr + u \qquad （式7.3）$$

在（式7.3）中，那些随时间不变的各种影响因素会被差分掉，这样，就可以估计公众演讲技巧（npj）、公众演讲焦虑（bt、rr）对公众演讲自我效能（xn）的影响。

另外，还可以使用固定效应估计法对模型进行估计。在固定效应估计中，差分的是期数上的均值。在两期数据中，固定应估计法与一阶差分估计法是等价的，这两种方法都可以去除掉那些随时间不变的因素。

2. 数据

在样本数据方面，因变量是xn_2-xn_1，且根据表7-2所示可以看出有效数有112个，相对于全部115个样本来说，是比较多的了；自变量需要对npj、bt、rr进行差分，按照理想状态，应该用第5期的数据减去第1期的数据，即npj5-npj1、bt5-bt1、rr5-rr1。但是，在具体操作中却存在一些问题，那就是bt和rr变量存在缺值，npj5-npj1、bt5-bt1、rr5-rr1全部能够对应的样本数只有23个，这可能会造成回归结果的不准确。为此，采用了两种补救措施：

一是选择差分后样本数比较多的自变量，也就是说，由于公众演讲技巧（npj）、眨眼频率（bt）、RR间期（rr）都有5期的数据，选择其中对应缺值较少的两组数据进行差分，前提是保证用后期数据减前期数据，这样就可以有效扩大样本容量。"公众演讲技巧"缺值较少，就用npj5-npj1；"眨眼频率"用bt5-bt2；"RR间期"用rr2-rr1。

二是根据现有的五期数据，使用"点处的线性趋势"的方法，对自变量进行补缺值。补缺值后的变量名称统计加上后缀"_1"。然后，自变量用npj5_1-npj1_1、bt5_1-bt1_1、rr5_1-rr1_1。

按照以上方法对数据进行处理后，使用eviews8.0对样本数据进行了估计。

3. 结果

统计结果如表7-5所示。

表7-5 估计结果

自变量	模型（1）	模型（2）	模型（3）
因变量：公众演讲自我效能的变化（xn_2-xn_1）			
$npj5-npj1$	0.875***（0.297）	2.213***（0.360）	—
$bt5-bt1$	0.063（4.507）	—	—
$rr5-rr1$	0.005（0.016）	—	—
$bt5-bt2$	—	-9.168*（5.107）	—
$rr2-rr1$	—	0.019（0.017）	—
$npj5\_1-npj1\_1$	—	—	1.657***（0.087）
$bt5\_1-bt1\_1$	—	—	-13.015***（0.634）
$rr5\_1-rr1\_1$	—	—	0.053***（0.004）
样本容量	23	78	112
R^2	0.931	0.665	0.988
调整R^2	0.598	0.249	0.974

注：***表示1%的显著水平，**表示5%的显著水平，*表示10%的显著水平；—表示方程中没有包括此变量。

三、对统计结果的讨论

根据表7-5所示给出的估计结果，可以看到：

在模型（1）中，使用原始数据进行估计时，自变量中代表公众演讲技巧掌握情况的对演讲内容部分评价的（$npj5-npj1$）在1%统计水平上显著，但它的系数是0.875，符号符合之前的判断，并数值并不大；而代表公众演讲焦虑的两个变量眨眼频率（$bt5-bt1$）、RR间期（$rr5-rr1$）则在统计上并不显著，而且眨眼频率（$bt5-bt1$）的符号还是错的，这显然不符合我们之前的判断。造成这一结果的原因主要还是样本数量太少，只有23个。因此，需要通过扩大样本容量来解决。

在第一个解决方案即模型（2）中，当我们通过变换差分期数的方式把样本容量扩充到78个时，变量公众演讲技巧（$npj5-npj1$）仍然在1%统计水平上显著，且系数值有了较大提高；另外，眨眼频率（$bt5-bt2$）系数为负，且在10%的统计水平上显著；对模型整体的F检验在1%水平上统计显著，这说明公众演讲焦虑对公众演讲自我效能有影响，但代表公众演讲焦虑的两个指标间可能存在多重共线性。

在第二个解决方案即模型（3）中，当我们通过补缺值的方式把样本容量扩充到112个时，三个自变量全部在1%统计水平上显著，且系数的符号全部符合之前的判断。

通过对以上三个模型估计结果分析，我们可以看到，通过扩大样本数量，可以得到更为满意的统计效果。因此，有理由认为，掌握公众演讲技巧和控制公众演讲焦虑对提高公众演讲自我效能有显著影响。

四、公众演讲自我效能与公众演讲能力的关系

公众演讲自我效能能否预测公众演讲能力是本研究需要验证的重要内容。由于公众演讲能力的形成是一个非常复杂的过程，涉及先天和后天方方面面的因素，因此，如果以公众演讲能力为研究对象，就很难区分到底什么因素对其有影响。而公众演讲自我效能是相对于公众演讲能力更具体的概念、内涵更为明确且有自我效能理论作为基础，因此，以公众演讲自我效能为研究对象更为可行。但是，开展关于公众演讲方面的研究最终的目的还是在于帮助人们提高公众演讲能力。如果公众演讲自我效能能够预测公众演讲能力，那么，就可以根据本研究的结果，通过提高学生公众演讲自我效能最终达到提高他们公众演讲能力的目的。这样就需要检验公众演讲自我效能是否对公众演讲能力具有显著影响。

能力是人内在素质的外在表现。公众演讲能力虽然源于人的内在素质，但体现的结果也是一种外在表现。因此，在本研究中，用评委对演讲者表现的打分来作为对公众演讲能力的度量。这样，我们就可以构建下面的模型，用公众演讲自我效能的变化来估计公众演讲能力的变化，具体见（式7.3）。

$$\Delta pj = \delta_0 + \beta_1 \Delta xnu \qquad （式7.3）$$

在对样本数据的处理中，$\Delta pj = pj5-pj1$，$\Delta xn = xn1-xn1$。估计结果如表7-6所示。

表7-6 公众演讲能力与公众演讲自我效能的估计结果

自变量	因变量：公众演讲能力（Δpj）	
	系数	标准误
常数项	54.313	2.711
Δxn	0.239***	0.038
观测次数	100	
R^2	0.775	
调整R^2	0.532	

注：***表示1%的显著水平，**表示5%的显著水平，*表示10%的显著水平。

通过表7-6所示可以看到，Δxn的系数为正，且在1%统计水平上显著，这说明公众演讲自我效能对公众演讲能力具有显著影响，也就是说，公众演讲自我效能可以预测公众演讲能力。

五、公众演讲能力与公众演讲焦虑的关系

公众演讲焦虑下降有利于提升公众演讲自我效能，同样也有利于提升公众演讲能力。但是，公众演讲焦虑并不是越低越好。因此，本研究提出"公众演讲焦虑对公众演讲能力有显著的负向递减影响"的研究假设。

首先，需要说明的是，这里没有用"公众演讲焦虑对公众演讲自我效能有显著的负向递减影响"的表述，主要原因是：在公众演讲技巧培训项目中，对公众演讲焦虑和公众演讲能力的测量都是5次，而对公众演讲自我效能的测量只有2次，从样本数据量以及一一对应关系上来说，考虑公众演讲能力与公众演讲焦虑关系都更为科学，也更为有意义。

其次，如何验证"公众演讲焦虑对公众演讲能力有显著的负向递减影响"这一假设呢？实际上，在应用经济学中，为了描述递减或递增的边际效应，常常用到二次函数。为此，我们构建了下面这个模型：

$$pj = \beta_0 + \beta_1 bt + \beta_2 bt^2 + \mu \qquad （式7.4）$$

在（式7.4）中，pj是对公众演讲表现的整体评价，代表对公众演讲能力的度量；bt是眨眼频率，代表对公众演讲焦虑的度量。方程中，如果β_1的系数是正、β_2的系数是负且统计显著，那么就可以证明"公众演讲焦虑对公众演讲能力有显著的负递减影响"的假设。

在样本数据方面，全部选择补缺值后的数据，这样可以有效地扩大样本数据的容量。具体估计结果如表7-7所示。

表7-7 公众演讲能力与公众演讲焦虑的估计结果

因变量：公众演讲能力（pj_1）		
自变量	系数	标准误
常数项	71769	0.904
bt_1	1.460	1.664
bt_1^2	−1.355*	0.768
样本容量	460	
R^2	0.832	
调整R^2	0.790	

注：***表示1%的显著水平，**表示5%的显著水平，*表示10%的显著水平。

从表7-7所示中可以看到，变量bt_1^2的系数是−1.355，且在10%水平上统计显著。bt_1的系数是1.460，虽然统计上不显著，但该方程的F统计量（19.588，p<0.01），说明bt_1和bt_1^2在1%水平上联合统计显著，bt_1系数不显著可能的原因

是 bt_1 和 bt_1^2 之间存在多重共线性。

根据估计的结果，我们可以得到，当眨眼频率时，公众演讲的表现是最好的。

医学上认为，人正常时眨眼频率是每分钟15次，也就是每秒0.25次，1.077>0.25，这说明演讲时是紧张的，但这种紧张并不是低越好，也不是越高越好，而是适度时（如眨眼频率是每秒1.077次时是效果最好的）。当然，这里的1.077次/秒只是具有统计上意义，并不代表必须是1.077次/秒才是最好的，但这个数据却告诉我们，适度紧张最有利于公众演讲的表现。

六、被试学生对实验的反馈

为更好地了解实验效果，在实验结束后，对实验组学生进行了问卷调查。问卷调查的目的旨在通过让被试学生自我报告的途径了解他们的切实感受，具体想了解两方面信息：一是控制公众演讲焦虑情况；二是掌握公众演讲技巧情况。

1. 控制公众演讲焦虑情况

通过上一节的分析我们了解到，适度的演讲焦虑最有利于公众演讲的表现。因此，在问卷调研中，关于公众演讲焦虑方面，重点考察了被试学生出现过度的公众演讲焦虑的情况以及对过度演讲焦虑的控制情况。在这里，我们把过度的演讲焦虑表述为"出现头脑一片空白、忘记等感觉特别紧张情况"。

问卷中，首先考察是否出现过过度演讲焦虑；如果出现过，再考察通过参与公众演讲技巧培训项目后是否还出现过度演讲焦虑；如果比较好的克服了，那么是在第几次演讲中克服的。这样设计的目的：一方面是想了解公众演讲技巧培训项目对帮助学生克服过度公众演讲焦虑是否有效；另一方面是想了解，如果有效，大多数情况下是第几次产生效果的。因为本研究的一个重要目的是在于接下来对公众演讲技巧培训项目的推广。理论上组织学生参与公众演讲实践的次数越多，对提升学生公众演讲自我效能和能力的效果越好，但是，组织学生参与公众演讲活动是有成本的，特别是需要耗费大量的人力成本。因此，我们还希望通过本研究获知学生在大多数情况下最少通过几次演讲实践可以有效控制演讲焦虑。数据统计情况如表7-8~表7-10所示。

表7-8 被试学生过度公众演讲焦虑情况统计1

基本信息	分类	人数	比例（%）
出现过度公众演讲焦虑	是	117	84.8%
	否	18	13.0%
	缺失	3	2.2
样本容量=135			

表7-9 被试学生过度公众演讲焦虑情况统计2

基本信息	分类	人数	比例（%）
已克服过度公众演讲焦虑	是	80	68.4%
	否	37	31.6%
样本容量=117			

表7-10 被试学生过度公众演讲焦虑情况统计3

基本信息	分类	人数	比例（%）
第几次克服	第二次	24	30.0%
	第三次	38	47.5%
	第四次	12	15.0%
	第五次	6	7.5%
样本容量=80			

通过以上数据我们可以看到，在参与公众演讲技巧培训项目的135人中，有117人（占84.8%）出现了过度公众演讲焦虑的情况；而在这出现了过度公众演讲焦虑情况的117人中，有80人（占68.4%）克服了过度公众演讲焦虑；而在这80名克服公众演讲焦虑的学生中，绝大多数学生是通过2-3次公众演讲实践（占77.5%）实现的。

2. 掌握公众演讲技巧情况

问卷中列出了公众演讲技巧培训中使用的5项技巧：一是站在听众的角度思考自己的演讲内容（变量名：$jq1$）；二是列演讲提纲，不写出完整的演讲稿（变量名：$jq2$）；三是想一个能吸引人的开头（变量名：$jq3$）；四是讲故事或自己的亲身经历（变量名：$jq4$）；五是演讲前深呼吸，并对自己说："相信自己，一定行！"（变量名：$jq5$）。然后让学生选择觉得对自己有效的公众演讲技巧，并对选定的公众演讲技巧进行排序。

在处理数据时发现，大部分学生只是就对自己有影响的公众演讲技巧做出了选择，并没有进行排序。具体统计情况如表7-11所示。

表7-11 对被试学生有效的公众演讲技巧情况统计

基本信息	N	比例（%）	个案比例（%）
$jq1$	129	20.8%	93.5%
$jq2$	134	21.6%	97.1%

续表

基本信息	N	比例（%）	个案比例（%）
$jq3$	119	19.2%	86.2%
$jq4$	126	20.3%	91.3%
$jq5$	113	18.2%	81.9%
总计	621	100%	450%

通过以上数据可以了解到，这5项公众演讲技巧对提高学生公众演讲自我效能和公众演讲能力都有效。

第八章 结论与展望

公众演讲是一项日常应用非常广泛的活动，也是一项实践性要求很高的活动。公众演讲能力的形成是一个复杂的过程，涉及先天的素质和后天的养成，因此，本研究并没有把公众演讲能力作为研究对象，而是把对公众演讲能力具有预测功能且影响因素相对明确的公众演讲自我效能作为研究对象。

自我效能是个体对自己某方面能力的自我认识，它主要来源于掌握经验、替代经验、言语说服和应激反应四个方面。本书基于这一思路，对公众演讲自我效能的主要影响因素进行了分析，并就如何提高大学生公众演讲自我效能进行了初步探讨。主要得出以下结论。

第一节 主要结论

一、实践是提高公众演讲自我效能的基础

提高公众演讲自我效能离不开公众演讲实践。加州大学洛杉矶分校心理学系主任罗伯特·比约克曾指出，对于技能的学习，"亲自接触一次，哪怕只有几秒钟，也比旁观几百次远远有效。"[130]要掌握公众演讲技能，就必须亲身参与到公众演讲活动之中。

一方面，公众演讲实践可以有效地降低公众演讲焦虑。通过第2章的分析我们知道，公众演讲焦虑是人们参与公众演讲活动时的一种本能反应，是无法完全克服的。但过度的演讲焦虑却是非常有害的，会严重打击演讲者的自信心，不利于公众演讲自我效能的形成。而通过认知行为疗法，使人们暴露于公众演讲活动之中，可以使人们逐步适应公众演讲环境，最终达到降低公众演讲焦虑的效果。参与公众演讲实践的过程，就是面对多人进行演讲的过程，其实就是一种暴露疗法。通过多次的"暴露"，绝大多数人都会越来越适应，从而达到有效降低公众演讲焦虑的效果。

另一方面，公众演讲技能的掌握必须通过公众演讲实践。研究发现，大脑中的髓鞘质是"交流、阅读、学习技能、人之成为人的关键"[130]。髓鞘质是包裹神经纤

维的一种膜物质。某项技能的实现是建立在大脑中相应的神经回路的基础之上，而支撑某项技能的神经回路的形成及快速反应又是通过髓鞘质的包裹实现的，髓鞘质包裹的越紧越牢，相应的技能就表现的越好。而髓鞘质是通过反复的练习形成的，也就是说，随着练习的增加，包裹与之适应的脑神经的髓鞘质就会越多越厚，被包裹的神经回路就会运转得越快越顺畅。因此，要掌握公众演讲技能、提升公众演讲自我效能，就必须进行公众演讲实践，必须练习练习再练习。

前面几章的分析也验证了"实践是提高公众演讲自我效能的基础"这一判断。在第5章，通过对公众演讲自我效能的多元回归分析可以看到，最终进入模型作为解释变量的公众演讲技巧、公众演讲焦虑、学生干部、学生活动、演讲付出、演讲课程都是与演讲实践分不开的。掌握演讲技巧、克服演讲焦虑必须通过演讲实践；学生干部比普通学生有更多参与演讲类活动的机会；参与学生活动越多，进行公众演讲实践的可能越大；对演讲付出越多，必然进行演讲练习的越多；参与演讲课程，也表明有了更多练习演讲的机会。在第7章，实验组学生公众演讲自我效能相对于对照组学生有了明显提升，基础就在于实验组学生参与了5次公众演讲活动，而对照组的学生没有参与，尽管其中有更深层次的原因，但是，我们可以确信：如果没有公众演讲实践，实验组学生公众演讲自我效能不会有明显的提升。

当然，公众演讲实践是公众演讲自我效能形成及提高的必要条件，并不是充分条件。也就是说，提高公众演讲自我效能离不开公众演讲实践，但并不是只要进行公众演讲实践就一定能提升公众演讲自我效能。只有成功的公众演讲实践才能有效地提升公众演讲自我效能。

所谓成功的公众演讲实践，在本研究中主要是指通过参与演讲活动实现了对公众演讲技巧的有效掌握和对公众演讲焦虑的有效控制。其中，对公众演讲焦虑的有效控制是实现成功的公众演讲实践的最基础的信息来源，也就是说，当一个人开始公众演讲实践时，首先面临的问题就是公众演讲焦虑，特别是第一次面对多人进行演讲时，对绝大多数人来说都是非常紧张的，因此，当通过多次练习、逐步适应了公众演讲环境、公众演讲焦虑得到有效控制时，这是一种重要的信号——我面对演讲不那么害怕了，这是一种进步，也是一种成功的体验。根据第7章的分析，大多数学生通过5次的公众演讲实践就可以克服过度的公众演讲焦虑。对公众演讲技巧的掌握是实现成功的公众演讲实践的最重要的信息来源，这将在下一节做进一步论述。

总之，实践是基础，是前提。要提高公众演讲自我效能，就必须进行公众演讲实践。

二、掌握公众演讲技巧是提高公众演讲自我效能的有效途径

公众演讲技巧是人们对公众演讲活动经验的总结与提炼，是对公众演讲活动的规律性认识。对公众演讲技巧的掌握情况是公众演讲自我效能形成的最重要的信息来源。

根据自我效能理论，亲历的掌握性经验是个体自我效能信息中最强有力的来源。对于公众演讲活动来说，公众演讲技巧就是掌握性经验，亲历的掌握性经验就是通过公众演讲实践掌握的公众演讲技巧，这是提升公众演讲自我效能的最重要的信息来源。

在第5章，通过大样本的数据分析可以看到，公众演讲技巧的掌握程度对公众演讲自我效能的水平具有显著影响，对公众演讲技巧掌握的越好，公众演讲自我效能就越高。为此，在第7章中，设计了一个旨在培训学生掌握公众演讲技巧的准实验。实验结果表明，对学生进行公众演讲技巧培训能够显著提高学生的公众演讲自我效能，在对提高公众演讲自我效能影响路径的分析中进一步得出，公众演讲技巧掌握情况对提升公众演讲自我效能具有显著影响，公众演讲技巧掌握的越好，公众演讲自我效能就越高。

另外，尽管降低公众演讲焦虑对提升公众演讲自我效能具有显著影响，但是降低公众演讲焦虑的实现路径却是与掌握公众演讲技巧分不开的，也就是说，掌握公众演讲技巧与控制演讲焦虑往往是交织在一起的，掌握公众演讲技巧的过程实际上包括了对公众演讲焦虑的有效控制。一方面，通过公众演讲实践，使个体暴露于公众演讲环境之中，个体对环境的适应过程，也是对经验的总结过程，随着对公众演讲焦虑的有效控制，个体会总结出适用于自己的公众演讲技巧；另一方面，许多公众演讲技巧本身就是为了控制演讲焦虑，比如，在第7章的准实验中培训学生掌握的第5项公众演讲技巧——演讲前进行深呼吸并对自己反复说："相信自己，一定行"——是一种自我暗示的方法，这种方法对于降低过度的公众演讲焦虑具有显著效果。

因此，在进行公众演讲的实践过程中，帮助学生掌握公众演讲技巧是提高公众演讲自我效能的最有效的途径。在第6章对应该掌握什么样的演讲技巧和这些演讲技巧为什么有效，从理论层面做了深入分析。

三、公众演讲自我效能能够预测公众演讲能力

提高大学生公众演讲能力是目的、是目标，也是最有意义和最价值的事情。如果公众演讲自我效能与公众演讲能力没有关系，那么进行提高公众演讲自我效能的研究就没有太大的意义。

根据班杜拉的自我效能理论，自我效能是个体对自身能力的主观判断，这种主观判断来源于许多的微感觉、知觉和信息加工活动。公众演讲自我效能就是个体对自己公众演讲能力的主观判断，判断的信息基础就是实际演讲过程中一些感觉和知觉，如演讲过程中的身心状态、听众的反应等等。因此，可以看到，自我效能是以能力为基础延伸出来的概念，但自我效能与能力度量的又不是同一事物。

根据《辞海》给出的定义，"能力是掌握和运用知识技能所需的个性心理特征。一般分为一般能力与特殊能力两类，前者指大多数活动共同需要的能力，如观察力、记忆力、思维力、想象力、注意力等；后者指完成某项活动所需的能力，如绘画能力、音乐能力等。"但在实际应用中，我们所说的"能力"，通常是一个人能胜任某项任务的行为表现。比如，我们说，一个人公众演讲能力强，并不是他自己认为自己强就是真的强，而是通过他的公众演讲的行为表现，听众认为他能力强才能算是真的强。因此，在本研究中，我们测量了学生参与公众演讲的行为表现，并用这一指标来代表对公众演讲能力的度量。但是，班杜拉认为，"效能信念中测量的能力在一些重要的方面不同于支配行为的能力，就此而言，人们不会期望效能信念和行为高度相关。它们测量的是不同类型的能力。"[86]这就需要我们进一步检验，公众演讲自我效能与公众演讲的行为表现是否相关，或者说，公众演讲自我效能对公众演讲的行为表现是否具有显著影响。检验这一假设的关键之处在于，对于公众演讲活动而言，如果公众演讲自我效能与公众演讲的行为表现没有关系，那么，我们接下来对提高公众演讲自我效能策略的研究就失去了现实意义。因此，人们更看重的是如何提高自己的公众演讲能力。

通过第7章的分析，我们得出，公众演讲自我效能对公众演讲能力（公众演讲行为表现）具有显著影响，提高公众演讲自我效能能够提升公众演讲能力。正如在本研究中一直反复强调的——公众演讲能力的形成是复杂是，涉及先天与后天、内容与形式、状态与环境等多方面多特征的因素，而公众演讲自我效能的影响因素相对好区分——通过研究确立公众演讲自我效能形成的关键因素，然后通过提升公众演讲自我效能从而最终达到提升公众演讲能力的目的，是一个比较好的实施路径。特别是对于大学生而言，通过多年的语文学习，本身具备进行公众演讲的潜能，只要通过有效方法提升他们公众演讲自我效能，这种潜能就会转化为能力。

综上，在得出大学生公众演讲自我效能能够预测其公众演讲能力这一结论后，接下来的重点就是如何提高大学生公众演讲自我效能，而上一节给出的结论"掌握公众演讲技巧是提高公众演讲自我效能的有效途径"就给我们指出了非常好的路径。[131]

四、适度焦虑有利于提升公众演讲的表现

在公众演讲领域，公众演讲焦虑一直是国内外研究者关注的重点。由于公众演讲焦虑的普遍性，如何降低公众演讲焦虑，无论对于研究者还是普遍民众而言，都是非常重要的问题。但是，公众演讲焦虑并不是越低越好，适度的公众演讲焦虑才最有利于公众演讲的表现。

在本研究之前，对于"适度焦虑有利于提升公众演讲的表现"的判断主要来源于理论上，特别是焦虑理论认为，适度的焦虑感能够使人变得更加出色。但是，还很少有从实证方面对这一观点进行检验的。在第7章，我们通过构建一个二次型模型，实现了对这一观点的验证。

通过数据分析显示，公众演讲焦虑对公众演讲能力（公众演讲表现）有显著的负向递减影响。刚开始，随着焦虑的下降，演讲者的表现会越来越好，但到一定程度后，如果焦虑继续下降，反而使演讲者的表现变得不好。因此，我们需要克服的是过度的公众演讲焦虑，也不是要把公众演讲焦虑降为零，而是要保持适度的公众演讲焦虑。

第二节　贡献与不足

科学研究是一项不断完善、不断改进、不断创新的工作，它没有止境、没有终点，需要研究者持之以恒、水滴石穿式地去探索、去开拓。本书对大学生公众演讲自我效能信念的形成与培养的研究，只是对如何提高大学生公众演讲能力的初探，尽管取得了一些研究进展，但仍然存在许多不足，而且还有更多的问题等着我们进一步去研究和探讨。

一、研究的贡献

本研究的主要贡献有：

1. 编制了公众演讲自我效能评价量表

目前，国内关于公众演讲焦虑的研究比较多，并且已经形成了比较可靠的测量评价量表。但是，关于公众演讲自我效能的研究还比较少，且没有一个测量公众演讲自我效能的评价量表。本书在国外学者研发的公众演讲自我效能自评量表的基础上，根据自我效能理论，结合我国话语体系及文化，编制出了一份公众演讲自我效能评价量表。通过信效度检验，该量表具有良好的信度和效度，可以作为测量个体

公众演讲自我效能的工具。

2. 用实证的方法验证了参与公众演讲实践和掌握公众演讲技巧的重要性

市面上许多关于演讲类的书籍都会告诉读者，要想提高公众演讲能力，就需要不断地练习，不要怕，要大胆地练，练多了就不紧张了；同时，还会列出许多的演讲技巧，然后解释这些技巧是什么、怎么用。但是，用实证的方法来研究公众演讲实践和公众演讲技巧的还比较少。本书通过大量的调查问卷，特别是通过设计典型的准实验，对公众演讲自我效能的影响因素进行实证分析，用数据证明了要提高公众演讲自我效能和能力，必须要参加公众演讲实践，同时，还证明了公众演讲技巧作为公众演讲的掌握经验，对提高公众演讲自我效能和能力具有显著影响。因此，在演讲实践的基础上培养学生掌握公众演讲技巧，是提高公众演讲自我效能和能力的最有效途径。

3. 验证了适度紧张最有利于公众演讲的表现

我们常把演讲紧张当作不好的东西，想尽一切办法去克服。但是众多的公众演讲实践似乎表明，过度紧张不利于公众演讲，过度放松同样也不利于公众演讲，应该是适度紧张才最有利于公众演讲。本书通过构建二次型模型，验证了适度紧张最有利于公众演讲表现的假设。因此，我们不应该担心演讲焦虑，调整自己处于一种适度紧张的状态，才是取得良好公众演讲表现的有效方法和措施。

二、研究的不足

本研究的不足主要有：

1. 样本选取较为单一

在对公众演讲自我效能影响因素进行分析时，选取的样本全部来自同一所普通本科院校，尽管样本数量比较大，但来源较为单一，只反映了普通本科院校学生的情况，没能反映出重点大学以及专科院校学生的情况。尽管通过分析得出掌握公众演讲技巧和控制公众演讲焦虑是提升大学生公众演讲自我效能的主要影响因素，但是数据支撑主要来源于一所普通本科院校，如果能够增加重点大学和专科院校学生的样本数据并进行对比分析，可以进一步提升研究的说服力，也有可能发现不同院校因在办学理念、办法模式、教风校风等方面的差别而产生的对学生的不同影响。

2. 没能区分出公众演讲技巧和公众演讲焦虑分别对提升公众演讲自我效能的影响

在准实验中，对研究对象施加的实验刺激是公众演讲技巧的培训，培训包括了学习公众演讲技巧和参与公众演讲实践，而公众演讲焦虑是伴随着公众演讲实践发生变化的。实验的结果表明,实验刺激产生了效果和影响,实验组学生相对于对照组学生的公众演讲自我效能得到了显著提升,这说明公众演讲技巧培训产生了效果,但到底是因为学生掌握了公众演讲技巧的原因,还是因为学生控制了公众演讲焦虑的原因,并不能通过数据分析出来。我们只能说,它们共同产生了作用。但是,根据实际的判断,仅仅依靠参与5次公众演讲就可以完全掌握公众演讲技巧,似乎有一定的困难;然而参与5次公众演讲对于降低公众演讲焦虑应该具有明显效果。由于这两个影响因素交织在一起,没能进行有效的区分。如果能够区分出公众演讲技巧和公众演讲焦虑分别对提升公众演讲自我效能的影响,就可以更有针对性地提出应对策略和措施。

3. 缺少对一些典型案例的分析

世界上,每一个人都是独一无二的个体。在我们去努力发现各种各样的一般规律时,探索一些特殊规律同样非常重要。对于公众演讲活动也是这样,每个个体提高公众演讲能力的过程既遵循一般规律,也有其特殊性。在对本研究中的实验数据进行分析时发现,有的人公众演讲自我效能提高的很多,有的人却提高的很少,这其中的原因是什么?如果能够从一开始的实验设计时就选取几个个案作为分析的对象,可能会一有些新的更深入的发现。我曾尝试找到几个参与实验的学生作访谈,但是,由于时间间隔较长且缺少对他们每次参与演讲细节的记录和描述,致使研究效果不佳。这可能也是比较遗憾的地方。

第三节　未来方向

下一步的研究方向主要有:

1. 公众演讲自我效能的泛化问题

尽管班杜拉认为不存在一般自我效能,但是经验表明,公众演讲自我效能的提升对其他方面自我效能提升具有促进作用。有研究者指出,多年来,数以千计的学生通过演讲课提高了对自己的演讲能力的自信。只有当你的自信心增强了,你才会坦然站在众人面前,告诉他们你在想什么、你在感受什么,以及你了解什么,并使听众想到、感受和了解同样的一些东西。自信心让人感觉良好的最大原因就是,自信心会滋养自信。第一次成功以后,你便自信下次会成功。当你成为一个有自信心的演讲者后,你也可能在生活的其他方面感觉更自信[92]。如果演讲的自信心可以滋养其他方面的自信心,那么,提高公众演讲自我效能就更具现实意义了。因此,检验公众演讲自我效能的泛化问题可以作为一个研究方向。

2. 提高公众演讲自我效能的人机互动问题

本研究通过开展公众演讲技巧培训项目实现了对大学生公众演讲自我效能的提升，但该项目的实施成本还是比较高的，需要搭建真实的演讲环境，一个30人的班组织一次这样的活动需要花费2-3个小时。随着现代科学技术的发展，如果在公众演讲自我效能提升中能够利用上手机移动端，那么就能很大的降低组织演讲活动的人力资本和时间资本。当然，这里所说的使用手机移动端的培训并不能代替真实的演讲环境对培训者的那种刺激，但是，通过使用声音比对技术帮助练习者锻炼发音器官是可以实现的。这方面可以作为一个研究方向。

3. 掌握公众演讲技巧的效率问题

通过参与几次真实的公众演讲，绝大多数人可以克服过度的演讲焦虑，但是，要掌握好公众演讲技巧并不是一件容易的事情。因此，帮助人们掌握公众演讲技巧只是提高公众演讲自我效能的起点，如何更有效率地让人们掌握公众演讲技巧，特别是帮助每个人结合自身特点建构适合自己的公众演讲技巧将是需要持续改进的长期过程。

参考文献

[1] 霍布斯.利维坦[M].北京:商务印书馆,1986.

[2] 雷晓云.我国近代小学课程变迁的述评及启示[J].课程.教材.教法.2008(08):92-96.

[3] 武晓平,单欣.关注大学生语言生活状况 提高大学生母语能力素养——基于三所理工类大学学生语言生活状况的调研[J].长春理工大学学报:社会科学版.2011(11).114-116.

[4] 周金声,刘梦伟.大学生母语水平状况调查及其改善对策——以湖北工业大学为主要案例[J].湖北工业大学学报.2013(06):61-65.

[5] 屠锦红,何玲钰,谈春怡.大学生"母语素养"的调查报告——基于江苏省46所高校[J].现代语文:教学研究版.2009(04).17-18.

[6] 李军,刘涛.浅析大学生语言表达能力与就业之关系[J].太原理工大学学报:社会科学版.2008(01).74-78.

[7] 张国民,武英耀,赵付明.应重视大学生语言表达能力的培养[J].山西农业大学学报:社会科学版.2003(03):268-270.

[8] 李彩英.大学生发展需关注演讲能力培养[J].教育艺术.2008(10):56-58.

[9] 国务院办公厅关于深化高等学校创新创业教育改革的实施意见[J].中华人民共和国国务院公报.2015(15):51-54.

[10] 高文兵.高校落实创新创业教育主体责任应知应行[J].中国高等教育.2015(11):1.

[11] 秦虹.工业革命与创新创业教育研究[J].教育科学.2015(05):13-20.

[12] 国家中长期教育改革和发展规划纲要(2010-2020年)[J].中国德育.2010(08):5-22.

[13] 中国教育改革和发展纲要[J].江西教育.1993(04):2-7.

[14] 周济.坚持教育优先发展 切实促进教育公平[J].求是.2006(23).15-18.

[15] Mccroskey J C. Oral Communination Apprehension: A Summary of Recent Theory and Research[J]. Human Communication Research. 1977, 4(1): 78-96.

[16] Richards-Schlichting K A, Kehle T J, Bray M A. Self-Modeling Intervention for High School students with Public Speaking Anxiety[J]. Journal of Applied School Psychology. 2004, 20(2): 47-60.

[17] MacIntyre P D, Thivierge K A, Macdonald J R. The effects of audience interest, responsiveness, and evaluation on public speaking anxiety and related variables[J]. Communication Research Reports. 1997(14): 157-168.

[18] Bodie G D. A Racing Heart, Rattling Knees, and Ruminative Thoughts: Defining, Explaining, and Treating Public Speaking Anxiety[J]. Communication Education. 2010, 59(1): 70–105.

[19] Breakey L. Fear of public speaking–the role of the SLP[J]. Seminars in Speech & Language. 2005, 26(2): 107–117.

[20] Mandeville M Y. The Effects of Teaching Assistants' Public Speaking Anxiety and the Evaluation Results of Classroom Interventions.[J]. Communication Apprehension. 1993: 18.

[21] Wardrope W J. Student attributions of pre–course expectations: What are they thinking when they take our courses? Speech Communication Association[Z]. San Diego: 1996.

[22] Ericson P M, Gardner J W. Two Longitudinal Studies of Communication Apprehension and Its Effects on College Students' Success.[J]. Communication Quarterly. 1992, 40(2): 127–137.

[23] Boohar R K, Seiler W J. Speech communication anxiety: An impediment to academic achievement in the university classroom.[J]. Journal of Classroom Interaction. 1982, 18(1): 23–27.

[24] Brown E J, Heimberg R G, Juster H R. Social phobia subtype and avoidant personality disorder: Effect on severity of social phobia, impairment, and outcome of cognitive behavioral treatment[J]. Behavior Therapy. 1995, 26(3): 467–486.

[25] 迈尔斯彼得, 尼克斯尚恩. 高效演讲: 斯坦福最受欢迎的沟通课[M]. 吉林出版集团有限责任公司, 2013.

[26] Behnke R R, Carlile L W, Lamb D H. A psychophysiological study of state and trait anxiety in public speaking[J]. Communication Studies. 1974, 25(4): 249–253.

[27] Lashbrook W B. A descriptive–analytical study of the basic public speaking course at Michigan State University[D]. Michigan State University, 1965.

[28] Bello R. Public Speaking Apprehension and Gender as Predictors of Speech Competence.[J]. Communication Apprehension. 1995: 24.

[29] Macintyre P D, Macdonald J R. Public speaking anxiety: Perceived competence and audience congeniality[J]. Communication Education. 1998, 47(4): 359–365.

[30] Ayres J, Raftis S M. The Impact of Evaluation and Preparation Time on High Public Speaking Anxious Speakers' Thoughts, Behavior, and State-Communication Apprehension.[J]. Southern Communication Journal. 1992, 57(4): 323–327.

[31] Cunningham R C I. A Study of the Relationship between Selected Student Variables and Speech Anxiety Encountered by Speakers in a Beginning College Speech Course.[J]. 1976: 109.

[32] 周金聪. 对大学生语言表达能力的思考[J]. 福建农林大学学报(哲学社会科学版). 2004, 7(3): 83–85.

[33] Goberman A M, Hughes S, Haydock T. Acoustic characteristics of public speaking: Anxiety and practice effects[J]. Speech Communication. 2011, 53(6): 867–876.

[34] Neer M R, Kircher W F. Classroom Interventions for Reducing Public Speaking Anxiety.[J].

Classroom Communication. 1990: 28.

[35] Beatty M J, Andriate G S. Communication apprehension and general anxiety in the prediction of public speaking anxiety[J]. Communication Quarterly. 1985, 33(3): 174–184.

[36] Campbell S, Larson J. Public speaking anxiety: comparing face-to-face and web-based speeches[J]. Journal of Instructional Pedagogies. 2013.

[37] Behnke R R, Sawyer C R, King P E. The communication of public speaking anxiety[J]. Communication Education. 1987, 36(2): 138–141.

[38] 王战胜. 一例大学生发言紧张的元认知心理技术干预[J]. 社会心理科学. 2013(3): 119–122.

[39] 金洪源, 刘英晓, 邱淑红. 大学生演讲紧张的元认知心理干预[J]. 中国健康心理学杂志. 2010, 18(4): 505–507.

[40] 邹文华. 团体咨询干预大学生演讲怯场心理的实验研究[J]. 中国健康心理学杂志. 2006, 14(6): 707–710.

[41] Ablamowicz H. Using a Speech Apprehension Questionnaire as a Tool to Reduce Students' Fear of Public Speaking[J]. Communication Teacher. 2006, 19(3): 98–102.

[42] Rickards-Schlichting K A, Kehle T J, Bray M A. A Self-Modeling Intervention for High School Students with Public Speaking Anxiety.[J]. Journal of Applied School Psychology. 2004, 20(2): 47–60.

[43] Newburger C, Others A. Self-Confrontation and Public Speaking Apprehension: To Videotape or Not Videotape Student Speakers?.[J]. Communication Apprehension. 1994: 9.

[44] Morreale S P, Others A. Student Assessment of Communication Apprehension and Self-Esteem: The Impact of Traditional and Accelerated Public Speaking Instruction.[J]. Anxiety. 1994: 24.

[45] Ayres F. Does self-help material work? Testing a manual designed to help trainers construct public speaking apprehension reduction workshops[J]. Communication Research Reports. 1995, 12(1): 34–38.

[46] 李旭红, 金新, 陈宝佳. 演讲与口才训练在提升大学生自信中的作用研究[J]. 中国健康心理学杂志. 2009, 17(3): 299–300.

[47] 郑辉赠. 以演讲与口才训练提升大学生自信的实践探索——以嘉应学院"村官班"为例[J]. 广西教育学院学报. 2012(3): 47–50.

[48] Berryman C L. A Process Approach to Public Speaking: The Use of Exercises and Games.[J]. Class Activities. 1976: 16.

[49] Edwards W H. Levels of Knowledge of Public Speaking Principles: An Assessment of Folk Speech Theory.[J]. Academic Education. 1978: 28.

[50] 叶圣陶, 吕叔湘. 大师教语文(上下册合集)[M]. 桂林: 广西师范大学出版社, 2015.

[51] 叶圣陶, 夏尊, 朱自清. 什么是我们的母语: 民国三大家论语语文教育[M]. 上海: 华东师范大学出版社, 2014.

[52] 张鼎昆,方俐洛,凌文辁. 自我效能感的理论及研究现状[J]. 心理科学进展. 1999, 7(1): 39-43.

[53] 赵庆华. 公众演讲焦虑与一般自我效能感、人格特质的关系——以一所民族师范学院大学生为例[D]. 西北师范大学, 2013.

[54] Kittle K J. The Relationship of Service-Learning and Campus Involvement: A Multivariate Look at the Profile of Today's College Student[D]. University of North Texas, 2010.

[55] Dwyer K K, Fus D A. Communication Apprehension, Self-Efficacy, and Grades in the Basic Course: Correlations and Implications[J]. 1999.

[56] Dwyer Karen Kangas, Fus Dennis A. Perceptions Of Communication Competence, Self-fficacy, And Trait Communication Apprehension: Is There an Impact on Basic Course Success?[J]. Communication Research Reports. 2002, 19(1): 29-37.

[57] 黄孔雀. 美国高校服务学习的实践及启示[J]. 复旦教育论坛. 2014, 12(1): 93-98.

[58] Earley, Christopher P, Lituchy, et al. Delineating goal and efficacy effects: A test of three models.[J]. Journal of Applied Psychology. 1991(76): 81-98.

[59] Eden D, Zuk Y. Seasickness as a Self-Fulfilling Prophecy: Raising Self-Efficacy to Boost Performance at Sea[J]. Journal of Applied Psychology. 1995, 80(5): 628-635.

[60] Mcauley E, Gill D. Reliability and Validity of the Physical Self-Efficacy Scale in a Competitive Sport Setting[J]. Journal of Sport Psychology. 1983, 5(4): 410-418.

[61] Iii S B P, Hay M S. The impact of task preview information as a function of recipient self-efficacy[J]. Journal of Vocational Behavior. 1989, 35(1): 17-29.

[62] Martin, J. J, D. L. The relationships among competitive orientation, sport-confidence, self-efficacy, anxiety, and performance.[J]. Journal of Sport & Exercise Psychology. 1991, 13(2): 149-159.

[63] Pajares F, Johnson M J. Confidence and Competence in Writing: The Role of Self-Efficacy, Outcome Expectancy, and Apprehension[J]. Research in the Teaching of English. 1994, 28(3): 313-331.

[64] Leitenberg H. Handbook of Social and Evaluation Anxiety[M]. Springer US, 1990.

[65] Freud S, Strachey J, Gay P. Introductory lectures on psycho-analysis[M]. PENGUIN, 1973: 140.

[66] 格拉齐亚尼皮尔吕奇, 格拉齐亚尼, 邹媛媛, 等. 焦虑与焦虑性障碍[M]. 天津: 天津人民出版社, 2010.

[67] Yerkes R M, Dodson J D. The relation of strength of stimulus to rapidity of habit-formation[J]. Journal of Comparative Neurology & Psychology. 1908, 18(18): 459-482.

[68] Keeley J, Zayac R, Correia C. CURVILINEAR RELATIONSHIPS BETWEEN STATISTICS ANXIETY AND PERFORMANCE AMONG UNDERGRADUATE STUDENTS: EVIDENCE FOR OPTIMAL ANXIETY2[J]. Statistics Education Research Journal. 2010, 7: 4-15.

[69] Raglin J S, Turner P E. Anxiety and performance in track and field athletes: A comparison of the inverted-U hypothesis with zone of optimal function theory[J]. Personality & Individual Differences.

1993, 14(1): 163–171.

[70] 安东尼 马丁 M., 斯文森 理查德 P., 安东尼, 等. 羞涩与社交焦虑[M]. 重庆: 重庆大学出版社, 2010.

[71] Spielberger C D. Theory and research on anxiety[J]. Anxiety & Behavior. 1966.

[72] 蔡德纳. 焦虑[M]. 北京: 人民卫生出版社, 2013.

[73] Lesch K P, Canli T. 5-HT-sub(1A) Receptor and Anxiety-Related Traits: Pharmacology, Genetics, and Imaging[J]. 2006.

[74] Schouwenburg H C. Test anxiety: The state of the art.[J]. European Journal of Personality. 1999, 13.

[75] 赫根汉. 学习理论导论[M]. 上海: 上海教育出版社, 2011.

[76] Hill K T. Anxiety in the Evaluative Context[J]. Young Children. 1971, 27(2): 97–118.

[77] Rachman S J. Anxiety, 2nd Edition[M]. 2004.

[78] 阿尔伯特·埃利斯. 心理学大师埃利斯经典作品集共三册《理性情绪》《控制焦虑》《控制愤怒》)[M]. 北京: 机械工业出版社, 2015.

[79] Bandura A. Self-efficacy: toward a unifying theory of behavioral change.[J]. Psychological Review. 1977, 84(2): 191–215.

[80] Bandura A. Social foundations of thought and action: A social cognitive theory.[M]. Prentice-Hall, 1986: 169–171.

[81] Bandura A. Human agency in social cognitive theory.[J]. American Psychologist. 1989, 44(9): 1175.

[82] Maddux J E. Self-efficacy, adaptation, and adjustment : theory, research, and application[J]. Environmental Microbiology. 2015, 17(10): 1814–1819.

[83] Bandura A. Self-efficacy: The exercise of control.[J]. Journal of Cognitive Psychotherapy. 1997, 604(2): 158–166.

[84] A·班杜拉. 自我效能: 控制的实施[M]. 上海: 华东师范大学出版社, 2003.

[85] Eden D, Zuk Y. Seasickness as a Self-Fulfilling Prophecy: Raising Self-Efficacy to Boost Performance at Sea[J]. Journal of Applied Psychology. 1995, 80(5): 628–635.

[86] Mcauley E, Gill D. Reliability and Validity of the Physical Self-Efficacy Scale in a Competitive Sport Setting[J]. Journal of Sport Psychology. 1983, 5(4): 410–418.

[87] Martin, J, J, D. L. The relationships among competitive orientation, sport-confidence, self-efficacy, anxiety, and performance.[J]. Journal of Sport & Exercise Psychology. 1991, 13(2): 149–159.

[88] Pajares F, Johnson M J. Confidence and Competence in Writing: The Role of Self-Efficacy, Outcome Expectancy, and Apprehension[J]. Research in the Teaching of English. 1994, 28(3): 313–331.

[89] 郭本禹, 姜飞月. 自我效能理论及其应用[M]. 上海: 上海教育出版社, 2008: 130–137.

[90] 陈建军. 演讲理论与欣赏[M]. 武汉: 武汉大学出版社, 2005.

[91] 教育学专业基础综合考试指南编写组. 教育学专业基础综合考试指南[M]. 上海: 华东师范大学出版社, 2009.

[92] 威廉·维尔斯马,于尔斯 斯蒂芬·g. 教育研究方法导论[M]. 北京:教育科学出版社, 2010.

[93] 李国瑞. 大学生归因方式对心理健康的影响[C]. 2009.

[94] 李成齐. 大学生归因方式及其与心理健康关系研究[D]. 华东师范大学, 2004.

[95] Koohyoung, Lee. NeuroSky(神念科技)的脑波技术研究[Z]. 2012.

[96] 王怡玲, 覃玉荣, 郭湛超. 基于不同闪烁频率光刺激的脑电压变化研究[J]. 中国医学物理学杂志. 2014(05): 5184–5187.

[97] 王文波. 直接意念控制法与其它气功功法放松度的比较实验[D]. 扬州大学, 2014.

[98] 郑达安, 沈霖霖, 吴国强, 等. 心理应激时青年人R—R间期变异性的谱分析[J]. 生物医学工程学杂志. 1997(1): 38–41.

[99] 张文彩, 阎克乐, 路运青, 等. 不同心理刺激诱发的交感和副交感神经活动的比较[J]. 心理学报. 2007, 39(2): 285–291.

[100] 奥姆罗德. 教育心理学[M]. 西安:陕西师范大学出版社, 2006.

[101] 克里斯托弗·彼得森. 积极心理学:构建快乐幸福的人生[M]. 北京:群言出版社, 2010.

[102] Breusch T S, Pagan A R. A Simple Test for Heteroscedasticity and Random Coefficient Variation[J]. Econometrica. 1979, 47(5): 1287–1294.

[103] 伍德里奇, 费剑平校. 计量经济学导论(第4版)[M]. 北京:中国人民大学出版社, 2010.

[104] 费孝通. 乡土中国生育制度[M]. 北京:北京大学出版社, 1998.

[105] 陆静斐. 独生子女自信心更强[N]. 文汇报.

[106] 陈陈. 家庭教养方式研究进程透视[J]. 南京师大学报:社会科学版. 2002(6): 95–103.

[107] 杨盼盼, 王卫红. 大学生家庭教养方式与自信心的关系研究 The Research on the Relationship between the College Students' Parenting Style and Self–Confidence[J]. 2016.

[108] 刘丽娟. 高中生自信与其父母教养方式的关系研究[J]. 中国健康心理学杂志. 2008, 16(6): 661–664.

[109] 杨凤娟. 高校学生社团组织与大学生综合能力的提高[J]. 广西青年干部学院学报. 2005, 15(1): 50–51.

[110] 卡内基. 语言的突破[M]. 赤峰:内蒙古科学技术出版社, 2003.

[111] Eysenck H J. The structure of human personality.[M]. Methuen, 1960: 1910–1913.

[112] 金双军, 杨小刚. 大学生性格倾向与英语演讲焦虑相关性研究[J]. 中国校外教育. 2010(4): 55–56.

[113] 岑运强. 言语的语言学导论[M]. 北京:北京大学出版社, 2006.

[114] 金鸿儒. 北大逻辑课[M]. 北京:北京时代华文书局, 2015.

[115] 拉吉罗文森特赖安. 思考的艺术[M]. 北京:机械工业出版社, 2014.

[116] 保罗. 批判性思维工具[M]. 北京:人民邮电出版社, 2014.

[117] 安德里·赛德涅. 魔力公众演讲:顶级演讲者养成全书[M]. 杭州:浙江出版集团数字传媒有限公司, 2014.

[118] 卡迈恩·加洛, 宋瑞琴, 刘迎.《像TED一样演讲》[J]. 首席财务官. 2015(Z1).

[119] 奇普·希思.《让创意更有黏性》[J]. 互联网周刊. 2007(23): 88.

[120] 兰卡斯特西蒙. 感召力[M]. 北京: 北京联合出版公司, 2016.

[121] 库埃. 心理暗示[M]. 天津: 天津社会科学院出版社, 2008.

[122] 曹红, 帅建中, 黄建平, 等. 短时放松入静状态下自我暗示对心脏功能的调节作用[J]. 中国临床心理学杂志. 2002, 10(1): 7-9.

[123] 曹亚云, 黄菊泉. 自我暗示和放松训练用于心血管神经官能症病人[J]. 中华护理杂志. 1990 (4): 185-186.

[124] 明文, 张振新. 积极自我暗示对高三学生自我效能感的影响[J]. 中小学心理健康教育. 2011 (6): 13-15.

[125] 王文增, 任纪飞. 大学生篮球运动员运用积极自我暗示语的实验研究[C]. 2010.

[126] 丹尼尔·科伊尔. 一万小时天才理论[M]. 北京: 中国人民大学出版社, 2010: 39-41.

[127] Using Habit Reversal to Decrease Filled Pauses and Nervous Habits in Public Speaking[J].

附 录

附录1　大学生公众演讲状况调查问卷

亲爱的同学：您好！目前，校团委正在进行旨在帮助我校学生提高演讲能力的研究。为了更好地了解我校学生情况，有针对性地制定对策措施，请您认真填写本调查问卷，对于那些不太确定的问题请尽量尝试回答，不要跳过任何问题。您的认真将使我们的工作更有意义，也将使更多科大学子受益。对于您的回答，我们将严格保密！谢谢！

学院：_____　班级：_____　姓名：_____　[填空题][必答题]

1. 您的性别：[单选题][必答题]

○ 男

○ 女

2. 您来自：[单选题][必答题]

○ 农村

○ 城镇

3. 您所在的省份：[单选题][必答题]

○ 安徽

○ 北京

○ 重庆

○ 福建

○ 甘肃

○ 广东

○ 广西

○ 贵州

○ 海南

○ 河北

○ 黑龙江

○ 河南

○ 香港

○ 湖北

○ 湖南

○ 江苏

○ 江西

○ 吉林

○ 辽宁

○ 澳门

○ 内蒙古

○ 宁夏

○ 青海

○ 山东

○ 上海

○ 山西

○ 陕西

○ 四川

○ 台湾

○ 天津

○ 新疆

○ 西藏

○ 云南

○ 浙江

○ 海外

4. 您的年龄段：［单选题］［必答题］

○ 18岁以下

○ 18~25

○ 26~30

5. 您是否独生子女［单选题］［必答题］

○ 是

○ 否

6. 您的年级：［单选题］［必答题］

○ 大一

○ 大二

○ 大三

○ 大四

7. 您所学专业属于的学科：[单选题][必答题]

○ 理工科

○ 文科

○ 艺术

8. 您入学专业是属于：[单选题][必答题]

○ 本一

○ 本二

○ 本三

9. 您的家庭经济情况：[单选题][必答题]

○ 贫困

○ 比较贫困

○ 一般

○ 较好

○ 富裕

10. 您的父母对您的培养方式：[单选题][必答题]

○ 经常批评

○ 批评比鼓励多

○ 批评和鼓励一样多

○ 鼓励比批评多

○ 经常鼓励

11. 您高考语文分数：[单选题][必答题]

○ 90分以下

○ 90–100

○ 100–110

○ 110–120

○ 120以上

12. 您目前在班级内综合排名情况：[单选题][必答题]

○ 后几名

○ 中下等

○ 中等

○ 中上等

○ 前几名

13. 您担任过什么学生干部（如果有交叉，请选对您影响最大的职位）：[单选题][必答题]

○ 没有担任过

○ 宿舍长、团小组组长、学生组织干事

○ 班委、学生组织部长及副部长

○ 班长、团支书、学生组织主要负责人（主席、副主席）

14. 您参加过学生社团情况：[单选题][必答题]

○ 没有参加过

○ 只当过社员

○ 担任过社团一般负责人

○ 担任过社团主要负责人

15. 您是否经常参加学生会、社团、志愿服务、社会实践、创新创业等学生活动：[单选题][必答题]

○ 从来不参加

○ 很少参加

○ 参加的比较多

○ 经常参加

16. 您认为您的身体素质在同龄人中：[单选题][必答题]

○ 非常差

○ 比较差

○ 中等

○ 比较好

○ 非常好

17. 您认为您属于什么性格：[单选题][必答题]

○ 内向

○ 外向

18. 您认为演讲能力是否重要：[单选题][必答题]

○ 非常不重要

○ 不重要

○ 一般

○ 重要

○ 非常重要

19. 您认为您的演讲能力如何：[单选题][必答题]

○ 非常不好

○ 不好

○ 一般

○ 好

○ 非常好

20. 您为提高自己演讲能力付出如何：[单选题][必答题]

○ 没有付出

○ 有一点付出

○ 有一些付出

○ 付出很多

21. 您是否学习过演讲类的课程：[单选题][必答题]

○ 没有

○ 有

22. 您是否阅读过演讲技巧类的书籍[单选题][必答题]

○ 没有

○ 有

23. 您对演讲技巧掌握情况如何：[单选题][必答题]

○ 一点也不了解

○ 了解一些但是没有应用过

○ 掌握一些并应用过

○ 能够熟练地运用演讲技巧

○ 我自己总结出了一些演讲技巧

24. 您大学期间参与正式演讲（包括辩论的次数）：[单选题][必答题]

○ 0次

○ 1-2次

○ 3-5次

○ 5次以上

25. 您认为对您演讲能力形成的最重要的时期：[单选题][必答题]

○ 小学

○ 初中

○ 高中

○ 大学

26. 您认为目前制约自己演讲能力提高的最主要因素是：[单选题][必答题]

○ 没有锻炼机会

○ 没有学习演讲知识

○ 没有老师指导

○ 知识储备不够

27. 对于演讲活动，您认为目前您所处的阶段是：[单选题][必答题]

○ 主要是克服演讲紧张

○ 已能控制演讲紧张，想提高演讲的精彩性

28. 大学期间对您影响最大的是：[单选题][必答题]

○ 课程学习

○ 教师指导

○ 学长及优秀学生榜样

○ 参与学生活动

附录2 公众演讲自我效能自陈量表

序号	对于以下说法有多少程度符合自身情况？	非常不符合 ——非常符合
1	我在演讲时其他人可以听懂理解我。	1 2 3 4 5 6
2	我可以发表一个经过组织构思的演讲。	1 2 3 4 5 6
3	我可以在课堂面向同学进行有效的演讲。	1 2 3 4 5 6
4	我可以将我的演讲内容控制在二至四个中心观点。	1 2 3 4 5 6
5	我可以脱稿进行演讲。	1 2 3 4 5 6
6	我可以在演讲时使用生动的词汇。	1 2 3 4 5 6
7	我面对来自专业领域的观众可以进行有效的演讲。	1 2 3 4 5 6
8	在演讲的开头我可以抓住观众眼球。	1 2 3 4 5 6
9	我可以用论据完全支撑我的主要观点。	1 2 3 4 5 6
10	我可以使用多样的论据去支撑观点。	1 2 3 4 5 6
11	我可以对我的老师进行有效的演讲。	1 2 3 4 5 6
12	我可以确保在演讲中90%的时间与观众有眼神交流。	1 2 3 4 5 6
13	我可以控制音调的高低来使演讲更加有感染力。	1 2 3 4 5 6
14	在演讲中我可以使用有效的视觉辅助（如ppt或视频）。	1 2 3 4 5 6
15	我可以控制自己不在演讲中颠来倒去。	1 2 3 4 5 6
16	我可以对陌生人进行有效的演讲。	1 2 3 4 5 6
17	在演讲的主要论点之间我可以进行有创意的过渡。	1 2 3 4 5 6
18	我可以有效地控制演讲时间。	1 2 3 4 5 6
19	我可以在演讲中使用有益的手势。	1 2 3 4 5 6
20	我会在结束演讲时进行主要观点的总结。	1 2 3 4 5 6

附录3 交流恐惧自陈量表（PRCA-24）

1. 我对演说一点也不害怕：
（1）非常同意　　　（2）同意　　　　　（3）不确定
（4）不同意　　　　（5）非常不同意

2. 我在演说时，身体的某些部分非常紧张和僵硬：
（1）非常同意　　　（2）同意　　　　　（3）不确定
（4）不同意　　　　（5）非常不同意

3. 我在演说时感到放松：
（1）非常同意　　　（2）同意　　　　　（3）不确定
（4）不同意　　　　（5）非常不同意

4. 我在演说时思维变得混乱和不连贯：
（1）非常同意　　　（2）同意　　　　　（3）不确定
（4）不同意　　　　（5）非常不同意

5. 我在演说时太紧张，以致把我确实知道的事情都忘记了：
（1）非常同意　　　（2）同意　　　　　（3）不确定
（4）不同意　　　　（5）非常不同意

附录4　大学生归因方式问卷

请设想您处于如下情景中，如果这种情况在您身上发生，您会认为是什么原因造成的，写下一个您认为最主要的原因。并根据该原因回答三个相关问题，作1—5分评分。谢谢您的合作。

例如：

我与同宿舍的同学相处融洽。

原因：<u>我这人脾气好。</u>

1. 这一原因是由你自己，还是由于他人或客观因素？

（1=完全由于他人，2=可能由于他人，3=不确定。4=可能由于自己，5=完全由于自己）

2. 这一原因只会影响这一件事，还是会影响到你生活的其他方面？

（1=肯定只影响这一件事，2=可能只影响这一件事，3=不确定，4=可能影响所有方面，5=肯定影响所有方面）

3. 在将来同样的情境中，这一原因是否还会存在？

（1=完全不会存在，2=可能不会存在，3=不确定，4=可能总会存在，5=肯定总会存在）

以下题目格式同例题：

1. 与父母能和睦相处，关系融洽。原因：［填空题］［必答题］

_____

这一原因是由于你自己，还是由于他人或客观因素？［单选题］［必答题］

由于他人 ○1 ○2 ○3 ○4 ○5 由于自己

这一原因只会影响这一件事，还是会影响到你生活的其他方面？［单选题］［必答题］

仅此事 ○1 ○2 ○3 ○4 ○5 所有方面

在将来同样的情境中，这一原因是否还会存在？［单选题］［必答题］

不会存在 ○1 ○2 ○3 ○4 ○5 总是存在着

2. 上课时，我总是很难听懂老师讲的课。原因：[填空题]

_____

这一原因是由于你自己，还是由于他人或客观因素？[单选题][必答题]

由于他人 ○1 ○2 ○3 ○4 ○5 由于自己

这一原因只会影响这一件事，还是会影响到你生活的其他方面？[单选题][必答题]

仅此事 ○1 ○2 ○3 ○4 ○5 所有方面

在将来同样的情境中，这一原因是否还会存在？[单选题][必答题]

不会存在 ○1 ○2 ○3 ○4 ○5 总是存在着

3. 同学们都喜欢和我来往。原因：[填空题]

_____

这一原因是由于你自己，还是由于他人或客观因素？[单选题][必答题]

由于他人 ○1 ○2 ○3 ○4 ○5 由于自己

这一原因只会影响这一件事，还是会影响到你生活的其他方面？[单选题][必答题]

仅此事 ○1 ○2 ○3 ○4 ○5 所有方面

在将来同样的情境中，这一原因是否还会存在？[单选题][必答题]

不会存在 ○1 ○2 ○3 ○4 ○5 总是存在着

4. 这学期我的学习成绩退步了。原因：[填空题]

_____

这一原因是由于你自己，还是由于他人或客观因素？[单选题][必答题]

由于他人 ○1 ○2 ○3 ○4 ○5 由于自己

这一原因只会影响这一件事，还是会影响到你生活的其他方面？[单选题][必答题]

仅此事 ○1 ○2 ○3 ○4 ○5 所有方面

在将来同样的情境中，这一原因是否还会存在？[单选题][必答题]

不会存在 ○1 ○2 ○3 ○4 ○5 总是存在着

5. 老师在课堂上表扬了我。原因：[填空题]

_____

这一原因是由于你自己，还是由于他人或客观因素？[单选题][必答题]

由于他人 ○1 ○2 ○3 ○4 ○5 由于自己

这一原因只会影响这一件事，还是会影响到你生活的其他方面？[单选题][必答题]

仅此事 ○1 ○2 ○3 ○4 ○5 所有方面

在将来同样的情境中，这一原因是否还会存在？［单选题］［必答题］

不会存在 ○1 ○2 ○3 ○4 ○5 总是存在着

6. 与父母有矛盾又难以沟通。原因：［填空题］

_____

在将来同样的情境中，这一原因是否还会存在？［单选题］［必答题］

由于他人 ○1 ○2 ○3 ○4 ○5 由于自己

这一原因只会影响这一件事，还是会影响到你生活的其他方面？［单选题］［必答题］

仅此事 ○1 ○2 ○3 ○4 ○5 所有方面

在将来同样的情境中，这一原因是否还会存在？［单选题］［必答题］

不会存在 ○1 ○2 ○3 ○4 ○5 总是存在着

7. 这次考试我考得很好。原因：［填空题］

_____

这一原因是由于你自己，还是由于他人或客观因素？［单选题］［必答题］

由于他人 ○1 ○2 ○3 ○4 ○5 由于自己

这一原因只会影响这一件事，还是会影响到你生活的其他方面？［单选题］［必答题］

仅此事 ○1 ○2 ○3 ○4 ○5 所有方面

在将来同样的情境中，这一原因是否还会存在？［单选题］［必答题］

不会存在 ○1 ○2 ○3 ○4 ○5 总是存在着

8. 我周围没有一个知心朋友。原因：［填空题］

_____

这一原因是由于你自己，还是由于他人或客观因素？［单选题］［必答题］

由于他人 ○1 ○2 ○3 ○4 ○5 由于自己

这一原因只会影响这一件事，还是会影响到你生活的其他方面？［单选题］［必答题］

仅此事 ○1 ○2 ○3 ○4 ○5 所有方面

在将来同样的情境中，这一原因是否还会存在？［单选题］［必答题］

不会存在 ○1 ○2 ○3 ○4 ○5 总是存在着

9. 我找到了一份好工作。原因：［填空题］

_____

这一原因是由于你自己，还是由于他人或客观因素？［单选题］［必答题］

由于他人 ○1 ○2 ○3 ○4 ○5 由于自己

这一原因只会影响这一件事，还是会影响到你生活的其他方面？［单选题］［必答题］

仅此事 ○1 ○2 ○3 ○4 ○5 所有方面

在将来同样的情境中，这一原因是否还会存在？［单选题］［必答题］

不会存在 ○1 ○2 ○3 ○4 ○5 总是存在着

10．这次考试我考得很差。原因：［填空题］

_____

这一原因是由于你自己，还是由于他人或客观因素？［单选题］［必答题］

由于他人 ○1 ○2 ○3 ○4 ○5 由于自己

这一原因只会影响这一件事，还是会影响到你生活的其他方面？［单选题］［必答题］

仅此事 ○1 ○2 ○3 ○4 ○5 所有方面

在将来同样的情境中，这一原因是否还会存在？［单选题］［必答题］

不会存在 ○1 ○2 ○3 ○4 ○5 总是存在着

11．我最近刚刚和好朋友闹翻。原因：［填空题］

_____

这一原因是由于你自己，还是由于他人或客观因素？［单选题］［必答题］

由于他人 ○1 ○2 ○3 ○4 ○5 由于自己

这一原因只会影响这一件事，还是会影响到你生活的其他方面？［单选题］［必答题］

仅此事 ○1 ○2 ○3 ○4 ○5 所有方面

在将来同样的情境中，这一原因是否还会存在？［单选题］［必答题］

不会存在 ○1 ○2 ○3 ○4 ○5 总是存在着

12．在大多数聚会场合我能很轻松地起到重要作用。原因：［填空题］

_____

这一原因是由于你自己，还是由于他人或客观因素？［单选题］［必答题］

由于他人 ○1 ○2 ○3 ○4 ○5 由于自己

这一原因只会影响这一件事，还是会影响到你生活的其他方面？［单选题］［必答题］

仅此事 ○1 ○2 ○3 ○4 ○5 所有方面

在将来同样的情境中，这一原因是否还会存在？［单选题］［必答题］

不会存在 ○1 ○2 ○3 ○4 ○5 总是存在着

13. 老师布置的作业我都不会做。原因：［填空题］

_____

这一原因是由于你自己，还是由于他人或客观因素？［单选题］［必答题］

由于他人 ○1 ○2 ○3 ○4 ○5 由于自己

这一原因只会影响这一件事，还是会影响到你生活的其他方面？［单选题］［必答题］

仅此事 ○1 ○2 ○3 ○4 ○5 所有方面

在将来同样的情境中，这一原因是否还会存在？［单选题］［必答题］

不会存在 ○1 ○2 ○3 ○4 ○5 总是存在着

14. 这学期我的学习成绩有了很大的提高。原因：［填空题］

_____

这一原因是由于你自己，还是由于他人或客观因素？［单选题］［必答题］

由于他人 ○1 ○2 ○3 ○4 ○5 由于自己

这一原因只会影响这一件事，还是会影响到你生活的其他方面？［单选题］［必答题］

仅此事 ○1 ○2 ○3 ○4 ○5 所有方面

在将来同样的情境中，这一原因是否还会存在？［单选题］［必答题］

不会存在 ○1 ○2 ○3 ○4 ○5 总是存在着

15. 我没找到令自己满意的工作。原因：［填空题］

_____

这一原因是由于你自己，还是由于他人或客观因素？［单选题］［必答题］

由于他人 ○1 ○2 ○3 ○4 ○5 由于自己

这一原因只会影响这一件事，还是会影响到你生活的其他方面？［单选题］［必答题］

仅此事 ○1 ○2 ○3 ○4 ○5 所有方面

在将来同样的情境中，这一原因是否还会存在？［单选题］［必答题］

不会存在 ○1 ○2 ○3 ○4 ○5 总是存在着

16. 我的学习成绩在全班属于上等。原因：［填空题］

_____

这一原因是由于你自己，还是由于他人或客观因素？［单选题］［必答题］

由于他人 ○ 1 ○ 2 ○ 3 ○ 4 ○ 5 由于自己

这一原因只会影响这一件事，还是会影响到你生活的其他方面？［单选题］［必答题］

仅此事 ○ 1 ○ 2 ○ 3 ○ 4 ○ 5 所有方面

在将来同样的情境中，这一原因是否还会存在？［单选题］［必答题］

不会存在 ○ 1 ○ 2 ○ 3 ○ 4 ○ 5 总是存在着

17. 我和班里一位同学的关系很僵。原因：［填空题］

_____

这一原因是由于你自己，还是由于他人或客观因素？［单选题］［必答题］

由于他人 ○ 1 ○ 2 ○ 3 ○ 4 ○ 5 由于自己

这一原因只会影响这一件事，还是会影响到你生活的其他方面？［单选题］［必答题］

仅此事 ○ 1 ○ 2 ○ 3 ○ 4 ○ 5 所有方面

在将来同样的情境中，这一原因是否还会存在？［单选题］［必答题］

不会存在 ○ 1 ○ 2 ○ 3 ○ 4 ○ 5 总是存在着

18. 有许多朋友来祝贺我的生日。原因：［填空题］

_____

这一原因是由于你自己，还是由于他人或客观因素？［单选题］［必答题］

由于他人 ○ 1 ○ 2 ○ 3 ○ 4 ○ 5 由于自己

这一原因只会影响这一件事，还是会影响到你生活的其他方面？［单选题］［必答题］

仅此事 ○ 1 ○ 2 ○ 3 ○ 4 ○ 5 所有方面

在将来同样的情境中，这一原因是否还会存在？［单选题］［必答题］

不会存在 ○ 1 ○ 2 ○ 3 ○ 4 ○ 5 总是存在着

附录5　公众演讲评价量表

序号	指标	得分 优秀　较好　一般　较差　差
1	为了提出和支持构想，他/她做了独到的分析和深入细致的考察，并用证据和例子来说明要点	10　9　8　7　6　5　4　3　2　1
2	他/她说话时富有激情、充满智慧，能满足我的情感需求	10　9　8　7　6　5　4　3　2　1
3	他/她演讲中，运用故事和生动的比喻帮助我感觉到和看到正的描述的事物	10　9　8　7　6　5　4　3　2　1
4	他/她的演讲首尾呼应，浑然一体——既强调了关键点又让我很满意	10　9　8　7　6　5　4　3　2　1
5	他/她开头说的内容都是我关切的，能打动我。	10　9　8　7　6　5　4　3　2　1
6	他/她很清楚自己讲话的目的和对象，我会逐渐被他/她的话打动，有了新的见解、决定和行动	10　9　8　7　6　5　4　3　2　1
7	他/她能自如地运用手势	10　9　8　7　6　5　4　3　2　1
8	他/她演讲时会坚持用眼神交流	10　9　8　7　6　5　4　3　2　1
9	他/她的语言和音调是交谈式的	10　9　8　7　6　5　4　3　2　1
10	他/她知道如何运用节奏、声调和音量来表现内容的细微差别与多样性	10　9　8　7　6　5　4　3　2　1

附录6　公众演讲实验项目问卷

学院：_____　　姓名：_____　　学号：_____

1. 本阶段主题演讲中，您一共参加了几次：
（1）零次　　　　（2）一次　　　　（3）二次
（4）三次　　　　（5）四次　　　　（6）五次
如果有没参加的情况，原因是什么：
（1）不想去　　　（2）感觉没提高　　（3）其他事情耽误了

2. 在本阶段主题演讲活动中，您是否出现过头脑一片空白、忘词等感觉特别紧张的情况：
（1）出现过　　　（2）没有出现过
如果出现过，现在演讲是否还会出现这一情况：
（1）会　　　　　（2）不会
如果不会再出现头脑一片空白的情况，那么您是在第几演讲中克服的：
（1）第二次　　　（2）第三次　　　（3）第四次　　　（4）第五次

3. 请选出以下对你有效的演讲技巧并进行排序：
（1）站在听众的角度思考自己的演讲内容
（2）列演讲提纲，不写出完整的演讲稿
（3）想一个能吸引人的开头
（4）讲故事或自己的亲身经历
（5）演讲前深呼吸，并对自己说："相信自己，一定行！"
排序：_____

4. 请在下面空白片列出你有效的演讲技巧：

附录7　大学生演讲主题选录

对于刚入大学的年轻人，提高演讲能力往往是他们面临也是特别渴望解决的问题。在提高自身演讲能力的过程中，首先面临的是紧张问题，但在通过演讲实践比较好地解决了演讲紧张的问题后，对于每一个演讲者来说，往往都会进入到另一个需要面对的新阶段。那就是，我敢演讲，不怕演讲，但问题是我不知道讲什么。感觉自己脑子里是空的，没有可讲的内容。

要解决这一问题，一方面要养成善于思考的习惯，结合平时的学习，对一些问题形成自己的观点；另一方面要注重收集支撑自己观点的各种演讲素材，如故事、事例、名人名言等。

本附录中收录了我在大学里做学生工作期间，针对大学生成长过程中存在的一些问题，对学生做的主题讲座和演讲的素材稿，这些讲座和演讲在准备时都遵循了换位思考、列提纲、谋划吸引人的开头和讲故事等演讲原则。

这些材料都来源于实际，供广大学生及演讲爱好者参考。

第一篇　"鲲鹏计划"概述

《国家中长期教育改革和发展规划纲要（2010—2020年）》指出，坚持以人为本、全面实施素质教育是教育改革发展的战略主题，是贯彻党的教育方针的时代要求。为贯彻纲要精神，全面推进素质教育，提高学生的综合能力，学校决定中推行"鲲鹏计划"。

一、"鲲鹏计划"的由来

《庄子·逍遥游》开篇讲，"北冥有鱼，其名为鲲……化而为鸟，其名为鹏。"意思是说，北海有一条大鱼，名字叫作鲲，后来这条大鱼变成了一只大鸟，名字叫作鹏。又讲到，"鹏之徙于南冥也，水击三千里，抟扶摇而上者九万里。"意思是说，当鹏飞往南海时，水浪击起达三千里，借着旋风盘旋直上达九万里。"鲲鹏计划"的名字来源于此，寓意也来源于此。

1. "鲲鹏计划"的根本目的是培养人，促使学生由"鲲"化"鹏"

"鲲"化"鹏"的过程，就是一个人的成长过程。由一个懵懂少年逐步成长成为一个独立、自主、成熟的社会人，尽管还是那个人，但其本质已经发生了变化。"鲲鹏计划"的根本目的在于促使这种变化的实现。

（1）大学期间是人成长的关键时期

大学阶段是一个人形成正确的世界观、人生观、价值观的重要时期，也是奠定知识基础、掌握科学的认识论和方法论的关键时期。

一方面，大学期间是一个人身心发展开始由青涩步入成熟的特殊阶段。这一时期人们自身的成长促使人们开始去思考：世界是怎么来的？人为什么要活着？人存在的意义是什么，等等涉及世界本原和人生本原的哲学问题。在不断思考与验证的过程中，每个人逐渐形成了自己的世界观、人生观和价值观。什么是对，什么是错；什么是美、什么是丑；什么是好、什么是坏；等等。不同人会有不同的看法，或许是由于立场不同、认识问题的角度不同，但根本上是人的世界观、人生观和价值观不同。每个人所形成的世界观、人生观和价值观决定着每个人做人、做事的标准和方式，从而最终决定着每个人未来人生的脉络和走向。

另一方面，大学期间对于每一个大学生来说，都是其步入社会前学校教育的最后阶段，即大学毕业后（包括研究生阶段）需要进入社会去创造价值、实现自我。因此，大学阶段是一个人由学生到社会人的过渡阶段，这个阶段非常重要，越好地利用这个阶段去学习知识、锻炼能力，步入社会后就会得到越好地发展。"鲲鹏计划"旨在抓住大学阶段这一成才的关键时期，帮助大学生树立正确的世界观、人生观和价值观，掌握科学的认识论和方法论，形成科学的思维方式，为大学生的成长成才奠定坚实的基础。

（2）教育的根本要求在于使学生学会生活

大禹说："生者寄也，死者归也"。生是来体验的，死就是回去。体验什么？体验生活。人不是为了活着而活着，而是要活出自我，活出存在的意义。如何活出自我，活出存在的意义？除了树立科学正确的世界观、人生观、价值观外，还要具备实践自己世界观、人生观、价值观的能力。

能力是素质的外在表现，素质是能力的内在积淀。人与人之差别，内在是素质的差别，外在则是能力的差别。因此，教育的根本要求就是通过一系列的措施提高学生的综合素质和能力，使学生能够学会生活、更好地生活。竺可桢于1936年在担任浙江大学校长的就职典礼上所说："大学的目的，不在于使大学生能赚得面包，而在于使他们吃起面包来滋味特别好。"如何使学生更好地生活，关键在于使学生具备更好生活的能力和素质。

研究认为，人的能力可分为三个方面：一是思维能力，体现在对信息的储备、分析、判断和应用上；二是表达能力，体现在对信息的传递上；三是应用能力，体现在对目标的实现上。为了让学生学会生活，让"他们吃起面包来滋味特别好"，就必须注重对学生思维能力、表达能力、应用能力的培养。"鲲鹏计划"以提高学生综合能力和素质为根本出发点和落脚点，使学生学会生活、更好地生活，开启美好的人生。

（3）学校共青团的根本任务是培养人

共青团是党领导的先进青年的群众组织，是广大青年在实践中学习中国特色社会主义和共产主义的学校，是党的助手和后备军。在此基础上，团十六大进一步明确了当代共青团的四项职能：引导青年、组织青年、服务青年、维护青少年合法权益。引导青年，就是在思想上引领青年，使青年人树立正确的价值观念和理想信念；组织青年，就是使青年始终团结在共青团的周围，带领青年奋发有为、成才立业；服务青年，就是围绕青年的实际需要开展工作，真正解决青年的现实困难和问题；维护青少年合法权益，就是维权和普法。

对于学校共青团，除了要履行好以上四项职能外，还要遵循一条工作主线，就是学校共青团的一切工作都要围绕学生成长成才来开展，这既是由学校的属性决定的，也是由共青团的属性决定的。在这一主线下，学校共青团的具体工作可大体分为三类：一是创新创业工作，主要是组织大学生开展科技创新活动和创业实践活动；二是社会实践工作，主要是以组织大学生开展"三下乡"为主要内容的社会实践活动；三是校园文化建设工作，主要包括校园文化活动、心理健康教育、学生组织建设等方面。

可以说，学校共青团的根本任务就是通过创新创业、社会实践、校园文化三大类工作，履行引领青年、组织青年、服务青年、维护青少年合法权益四项职能，最终实现促进学生成长成才的目标。为此，我们决定启动"鲲鹏计划"。希望通过"鲲鹏计划"将先进的教育思想有意识地融入共青团工作之中，增强共青团工作科学性，全面提高学生的成长效率。

2."鲲鹏计划"的实施渠道是"第二课堂"，通过实践实现学生由"鲲"化"鹏"

实际上，从我们开始上学以来，始终存在着两个课堂：一个是以课程为主要内容的教学的课堂，另一个则是以课外活动为主要内容的"第二课堂"。"第二课堂"是相对于课堂教学而言的，主要包括社会实践、文体活动、科技竞赛活动等。由于高考升学的压力，大学以前我们往往感觉不到也根本不重视"第二课堂"，而是把全部精力扑在了"第一课堂"。但是，一个人的成长成才，必然是在"第一课堂"与"第二课堂"结合互动中实现的。"第一课堂"偏重于知识的积累，"第二课堂"侧重于能力的锻炼，两者缺一不可。因此，进入大学阶段，我们往往开始关注"第二课堂"，也更加重视"第二课堂"。许多同学加入学生会社团组织、参加各种活动，根本目的就是想锻炼自己、提高自己。

（1）"第二课堂"是获取知识的重要渠道

马克思主义者认为人类的生产活动是最基本的实践活动，是决定其他一切活动的东西，是人的认识发展的基本来源。人类最初是通过生产实践活动获取感性认识的，感性认识经过突变产生概念，运用概念通过判断和推理产生出合乎论理的结论，然后通过对这些结论在实际生活中的反复印证，感性认识逐步发展为理性认识。随着理性认识的不断积累，人们掌握了越来越多的改造自然的工具，人类社会得到了快速发展。因此，一个人能否成功，关键在于他掌握多少理性认识即知识。谁掌握的知识越多，谁成功的概率就越大。知识来源于实践，但人不能事事都亲自实践，实事上多数的知识是间接获得的，是前人总结以后告诉我们的。课堂学习实际上就是对间接经验的学习，但也是对别人直接经验的学习。所以一个人获取知识的渠道有两个方面：一是直接经验，另一是间接经验。

大学期间，"第二课堂"是获取直接经验的主阵地，是掌握间接经验的重要渠道。一些知识是无法从书本上学到的，必须通过亲身体验才能掌握其中的真谛。比如，如何具有创新精神，并不是看了几本讲创新的书就能掌握的，必须靠实践。中山大学原校长黄达人认为，对本科生创新精神的培养，首先应该培养学生的个性，而个性的培养往往不在课堂上，而是在被称为"第二课堂"的学生活动中。社会实践、志愿者服务等活动，更有利于培养学生的感恩情操，使学生认识社会和国情，甚至从中发现真实的科学问题。另外，在课堂学习的知识也需要通过实践的检验才能转化为可以使用的"工具"。如哲学知识的学习并不能使我们成为哲学家，只有通过在实践中的不断验证和升华使知识内化为素质后，我们才能真正掌握运用哲学知识的方法。"第二课堂"与课堂教学一样，是学习间接经验的重要组成部分，是获取知识的重要渠道。

（2）"第二课堂"是锻炼能力的根本途径

有人认为，大学生活可以归纳为三条道：一是"黑道"，即一条道走到黑，继续像上中学时那样努力学习，目标只有一个，就是考研继续深造；二是"黄道"，即经商，尽早步入社会，掌握谋生的手段和技能；三是"红道"，即当学生干部，通过参与组织学生活动锻炼能力，为就业打基础。反观大学生活，三条道都有人走，都有存在的道理。但仔细想来，无论走哪条道，最终的目标都是相同的：为了未来的发展。

现在是一个竞争的社会，大学生在步入社会后能否得到更多的"阳光雨露"，关键在于个人的能力。知识是能力的基础，人们应该追求更高的学历，但光有知识是不行的，如果缺少"实践"这一"催化剂"，知识转化为能力的效果也会大打折扣。所以，无论走哪条道，都要注重自身能力锻炼。提高能力是一重要的阶段性目标。

如何提高能力，关键在于锻炼。比如表达能力，每个人面对上百人讲话都会紧张，但讲得多了也就不紧张了。为什么呢？锻炼的结果，也可以说是实践的结果。经过多次的感性认识，人便会思考其中规律性的东西，通过总结整理便逐步上升为理性认识，这些理性认识会指导我们更好的实践，从而越讲越好。所以，能力是可以锻炼出来的，而且是需要反复锻炼才可以具备的。一个人的综合素质，一方面体现在知识的积累，另一方面体现在能力的锻炼。

如果非要选择大学道路的话，我更倾向于第一条道与第三条道的综合，我把它称作大学道路的"红与黑"。大学应该注重学习，特别是要学习好自己的专业知识，但还要注重能力的锻炼。"第二课堂"是锻炼能力的根本途径，因为它为每一个人提供了亲身参与的机会和环境，只要你愿意，都能在"第二课堂"中找到锻炼自己的渠道，只要你努力，都会收获你应该收获的能力。

（3）"第二课堂"使大学生活更加丰富多彩

英国诗人约翰·梅斯菲尔德说，"世间很少有事物能比大学更美。当防线崩溃，价值崩溃，水坝倒塌，洪水为害，前途变得灰暗，古迹沦为泥淖时，只有大学屹立在那里，它就屹立闪光；只要它存在，人那颗被引导去从事美满探索的自由心灵仍会给人类带来智慧。"大学之美，在于大学之自由、开放、包容、独立之精神，在于大学相对于现实烦嚣社会更为宁静、沉着的气质，在于大学时光在人一生中的重要位置。

大学期间是人一生中最美好的时光，也是最值得记忆的时光。在这里，不仅可以学习到作为未来谋生基础的专业技能知识，还可以根据自己的兴趣爱好参加各种活动，而且还能收获一生中最重要的友情甚至爱情。大学区别于中学、小学的一个重要特征在于"第二课堂"的繁荣与活跃。学生有了更多的自主选择，也有了更多的自我空间，供学生自己支配的时间越来越多。丰富多彩的"第二课堂"为学生提供了多样的选择。学生们可以参加社会实践和志愿服务活动，可以组成兴趣团队进行科学研究，也可以根据兴趣爱好参加社团组织，还可以参与各种各样的文体活动……"第二课堂"使我们的大学生活更加丰富多彩，不仅锻炼了我们的能力，还使我们结交了更多志同道合的朋友，有的甚至找到了生命中的另一半。

尽管"第二课堂"是获取知识的重要渠道，是锻炼能力的根本途径，是大学生活丰富多彩的坚实基石，但如果应用不好，不仅不能发挥应有的效果，还会产生"副作用"。过多的参与"第二课堂"会影响正常的学习，参与结构不合理的"第二课堂"可能是重复锻炼，达不到提高综合素质的效果。"鲲鹏计划"旨在充分发挥"第二课堂"在锻炼学生能力方面的优势，有目的、有意识地规划"第二课堂"的内容，记录下学生在"第二课堂"的点滴收获，提高"第二课堂"的育人效果。

二、"鲲鹏计划"的内容

"鲲鹏计划"是以"第二课堂"为主要阵地的,是以提高学生综合能力和素质为主要目标的。具体来说,"鲲鹏计划"主要分为两部分。一是通识部分,主要以培训为主,通过经典选读、科技申报、团体辅导、自由演讲、公文写作、礼仪训练等多种形式,全面提高学生的思维能力、表达能力和应用能力。二是拓展部分,主要以记录为主,从任职经历、荣誉表彰、课外活动及其他方面等四个维度,按照校级及以上、院级、班级三个层次,详细记录大学生四年里参与"第二课堂"的情况。

1. 通识部分

通识部分是"鲲鹏计划"的基础,旨在有目的地提高大学生应该具备的基础能力。在此,我们将这些能力分为思维能力、表达能力、应用能力,其中思维能力又分为辩证思维、创新思维、合作思维,表达能力又分为语言表达、书面表达,应用能力主要是礼仪技能。针对每一项能力,我们设计了专门的培训项目和考核方式。

(1) 辩证思维

所谓辩证思维,是指立足于客观事物的辩证性展开的思维,它要求以普遍联系、变化发展和对立统一的视角观察问题、分析问题、解决问题。具有辩证思维的人最显著的特点就是能够全面地认识问题,既能看到问题的有利方面,又能看到问题的不利方面。培养辩证思维能力,关键是要形成一分为二看问题的思维方式。好事能够想到不好的方面,不好的事又能够想到好的方面。顺境时不骄傲,逆境时不气馁,做到凡事多从自身找原因,多从联系的角度分析原因。具有辩证思维能力的人能够坦然地面对一切,积极地应对一切,乐观地接受一切。

训练方式:阅读《实践论》《矛盾论》《共产党宣言》

考核形式:网上答题

(2) 创新思维

所谓创新思维,是指开拓人类认识新领域、形成人类认识新成果的思维活动,其实质是对原有思维模式的超越。创新思维能力,就是超越陈规、开拓进取、善于探求事物发展难题的多种解决方法和途径的能力。什么是创新思维方式?通俗地说,就是"想别人没有想到的东西,说别人没有说过的话。"而且"创新还不能是一般的,迈小步可不行……要比别人高出一大截才行。"[《钱学森的最后一次系统谈话——谈科技创新人才的培养问题》《人民日报》(2009年11月5日11版)]培养创新思维,首先,要做到独立思考,有自己的思想和见解,不能人云亦云。其次,要敢于异想天开,世上的很多事都是不怕做不到、就怕想不到,只要你敢想就能够实现。另外,还要学会放弃,并不是什么事情都要去坚持,如果方向不正确,或者

"时位"不属于你，越坚持，越错，失去的就越多。

训练方式：网上申报创新创意立项

考核形式：指导师根据创新创意申报内容给分

（3）合作思维

所谓合作思维，是指建立在开放、包容、共赢认识基础上的思维状态，它承认个人能力的局限性，理解团队协作的优越性，并且能够统揽全局，兼顾各方。培养合作思维要求开阔眼界、开阔思路、开阔胸襟。提高合作思维能力，关键是要学会欣赏与分享。欣赏，是一种胸怀，一种雅量，能阅人，能容人，放大他人优点，缩小他人缺点。学会欣赏，就会明白每个人都是独立的、自由的，你不能将自己的思想强加于他人，必须尊重他人、换位思考。分享，是一种境界，一种胸襟，能舍得，不计较，给予他人实际上也是一种收获。学会分享，就会理解"助人者自助"的哲学真谛，从而营造有利于自身发展的和谐氛围。

训练方式：开展以合作为主题的团体心理辅导训练

考核形式：指导师根据参与者的表现给分

（4）语言表达

任何人都无可否认语言表达的重要性。同样一件事情，口才好的人与口才不好的人讲出来，产生的效果会很不一样。具有良好语言表达能力的人，往往能够获得更多的机会，也往往能够更容易把事情办成。因此，利用大学时期锻炼自己的口才、使自己具有良好的语言表达能力，对一个人未来的发展至关重要。良好的语言表达能力包括两个方面：一是表达的内容，所谓言之有物，你讲出来的东西不是在做文字游戏，而是要有深刻的内涵，能够打动别人，使别人听了有收获；二是表达的形式，即你能够用恰当的方式和恰当的词语表达你想要表达的内容，而其中最关键的是你能够做到讲时不紧张，清楚地表达你所要表达的意思。表达内容的充实需要日常的积累，表达形式的表现则需要反复的训练。实际上，每一个人第一次面对上百人进行正式讲话都会紧张，只不过讲得多了，锻炼得多了，慢慢地掌握了演讲的一些规律，才逐步地放松下来。所以，培养学生的表达能力，关键是要为学生创造一个面对多人进行公开演讲的平台，让学生在这个平台上反复锻炼，最终完成到由"量变"到"质变"的过程。

训练方式：面向全班同学进行多次主题演讲

考核方式：指导师根据演讲者的表现给分

（5）书面表达

具有良好的书面表达能力是非常重要的，特别是参加工作后，很多工作任务都是通过办文来完成的。小到一个通知、请示，大到一个讲话、报告，都需要起草人具有一定的文字表达能力。但是目前的实际情况是，各单位都特别缺"笔杆子"，这也造成凡是能写的往往得到领导的重用，从而得到更快的发展。因此，锻炼文字表达能力，不仅是未来工作的需要，也是实现更好发展的需要。然而，这里所说的文字表达能力，不是要像作家那样去写小说、诗歌、散文等，而是针对实际工作去写公文。写好公文并不需要有多么好文采，只要能够用简练的文字表达需要表达的意思就可以。公文写作关键是要掌握公文中各个文种的特点以及基本的写作格式。只要多练习，每个大学生都能把公文写好。为此，我们对学生书面表达能力的培养集中在公文写作上，目标是让每一名学生都具备一定的公文写作能力。

训练方式：指导师讲授公文写作内容及方法，并组织学生进行公文写作训练

考核方式：指导师根据学生公文写作表现给分

（6）礼仪技能

待人接物的能力是一种软能力，其中似乎没有什么固定的方式方法可循，但这种能力确实非常重要。找同一个人办同一件事，有的人就能办成，有的人就办不成，原因就在于两个人解决问题的能力不一样，具体体现在两个人在与他人交往过程中的表现，因为他们不同的表现，结果是一个得到了认可，另一个没有得到认可。同样道理，在实际生活中，我们会发现与有些人交往起来会很愉快，跟他们在一起你会感觉到很舒服；但也有些人，与他们交往起来总感觉不别扭。原因何在？关键在于那些使我们感到舒服的人懂得"礼"，他们的行为符合了"礼"的基本要求，而那些使我们感到别扭的人却恰好相反。因此，大学生应该学习一些礼仪知识，良好的礼仪训练可以为一个人营造和谐的外部氛围和环境。

训练方式：观看礼仪专家视频讲座

考核方式：根据出勤情况给分

2. 拓展部分

拓展部分是"鲲鹏计划"的关键，旨在记录下学生大学四年里在"第二课堂"上的表现情况。为记录方便，我们将"第二课堂"做了如下划分。

（1）任职经历

主要记录担任学生干部以及参与相关学生组织的任职经历。

（2）表彰荣誉

主要记录所获得的各类荣誉，包括各级组织的表彰、参加各类竞赛的成绩等。

（3）课外活动

主要记录参与的各种社会实践、志愿服务活动。

（4）其他方面

主要记录需要记录的其他内容。

三、"鲲鹏计划"的实施

"鲲鹏计划"是一项系统工程,内容丰富,涉及面广,要实施好非常不容易。一是"鲲鹏计划"通识部分的实施必须要有老师指导。一方面,六项能力训练的意义、内容和方法,需要有人来讲解;另一方面,六项能力训练的效果也需要人来评判。但是,学校很难为"鲲鹏计划"配备专门的老师,指导师配备问题至关重要。二是"鲲鹏计划"拓展部分的实施必须要解决如何记录的问题。传统的记录方式是依靠纸制媒介、采用手记的方法,这种方法易于操作,但由于没有统一的标准以及手写的不确定性和易错性,实际效果不是很好。在信息化时代,如何利用计算机实现记录功能,将是"鲲鹏计划"必须要解决的问题。为此,我们在反复研究讨论的基础上,决定实施"东风工程",并开发了"鲲鹏计划"管理信息系统。

1. 东风工程

"东风工程"的名字也来源于《庄子·逍遥游》。《庄子·逍遥游》在解释"鹏"为什么能展翅高飞时写道:"风之积也不厚,则其负大翼也无力。故九万里,则风斯在下矣,而后乃今培风;背负青天而莫之夭阏者,而后乃今将图南。"可见,庄子认为,大鹏能扶摇直上九万里,是因为它翅膀下有风,是风托着它飞起来的。

在"鲲鹏计划"中,指导师就是促进学生由"鲲"化"鹏",并支撑学生实现更好发展的"风",为此,我们把指导师培养计划命名为"东风工程"。

"东风工程"的对象是高年级的党员班主任。"东风工程"的内容是培训党员班主任,使他们具备担任指导师的能力。"东风工程"是"鲲鹏计划"的重要组成部分,它不仅关系"鲲鹏计划"能否成功,而且还承担着培养精英人才的任务。

2. 系统应用

为确保"鲲鹏计划"的有效实施,我们开发了"鲲鹏计划"管理信息系统。系统划分了五类用户:校团委、院团委、团支部、个人和指导师,并根据五类用户的职能设定了相应的权限。

通过系统的应用,可以准确地记录下每一名学生大学四年在"第二课堂"上的活动情况,并可在学生毕业时为每一名学生打印一张"鲲鹏计划"证书。这一证书既是对学生四年大学生活的记录,也可以作为找工作的凭证。

3. 学分认定

根据学校人才培养大纲,每名学生需要修够10个实践学分方可毕业。"鲲鹏计划"的实施将成为10个实践学分认定的依据。我们将根据学生在通识部分六项能力训练中的完成情况以及在拓展部分中的表现情况,给予学生相应的实践学分。

第二篇　思维的力量

西方有句广为流传的名言："播种一种思想，收获一种行为；播种一种行为，收获一种习惯；播种一种习惯，收获一种性格；播种一种性格，收获一种命运。"这段话形象地诠释了思想与命运之间的内在联系。从某种意义上说，人们青年时期形成什么样的思维方式，决定着人们最终会有什么样的命运。因此，可以说，思维方式问题是一个带有根本性的问题，它体现着人们进行思维活动、认识和处理各种问题时所运用的基本方法。思维方式是否正确、合理，直接影响人们认识和实践活动的结果。

大学阶段是一个人形成正确的世界观、人生观、价值观的重要时期，也是奠定知识基础、掌握科学的认识论和方法论的关键时期。所谓世界观、人生观、价值观，根本上说就是人的思维方式。什么是对，什么是错；什么是美、什么是丑；什么是好；什么是坏等，不同的人会有不同的看法，或许是由于立场不同、认识问题的角度不同，但根本上是人的思维方式不同。所谓掌握科学的认识论和方法论，体现在人的身上就是思维能力。同一个问题，不同的人有着不同的认识深度，有的人只是看到了现象，而有的人却能透过现象看到事物的本质，这种差异源于他们的思维能力上的差异，并最终表现在他们解决问题的效果上。

思维方式是思维能力的基础，思维能力是思维方式的运用。对于渴望成功的大学生，必须要抓住思维方式和思维能力形成的关键时期，通过学习、思考和实践，树立科学的思维方式，提高科学的思维能力，为未来的人生奠定坚实的基础。具体来说，大学生应注重三方面思维的培养。

（1）辩证思维

所谓辩证思维，是指立足于客观事物的辩证性展开的思维，它要求以普遍联系、变化发展和对立统一的视角观察问题、分析问题、解决问题。

有这样一个故事。美国加州有位刚毕业的大学生，在2003年的冬季大征兵中他依法被征，即将到最艰苦也是最危险的海军陆战队去服役。这位年轻人自从获悉自己被海军陆战队选中的消息后，便显得忧心忡忡。在加州大学任教的祖父见到孙子一副魂不守舍的模样，便开导他说："孩子啊，这没什么好担心的。到了海军陆战队，你将会有两个机会，一个是留在内勤部门，一个是分配到外勤部门。如果你分配到了内勤部门，就完全用不着去担惊受怕了。"年轻人问爷爷："那要是我被分配到了外勤部门呢？"爷爷说："那同样会有两个机会，一个是留在美国本土，另一个是分配到国外的军事基地。如果你被分配在美国本土，那又有什么好担心的。"年轻人问："那么，若是被分配到了国外的基地呢？"爷爷说："那也还有两个机会，一个是被分配到和平而友善的国家,另一个是被分配到维和地区。如果把你分配到和平友善的国家,那也是件值得庆幸的好事。"年轻人问:"爷爷,那要是我不幸被分配到维和地区呢?"爷爷说:"那同样还有两个机会,一个是安全归来,另一个是不幸负伤。如果你能够安全归来,那担心岂不多余。"年轻人问:"那要是不幸负伤了呢。"爷爷说:"你同样拥有两个机会,一个是依然能够保全性命,另一个是完全救治无效。如果尚能保全性命,还担心它干什么呢。"年轻人再问:"那要是完全救治无效怎么办?"爷爷说:"还是有两个机会,一个是作为敢于冲锋陷阵的国家英雄而死,一个是唯唯诺诺躲在后面却不幸遇难。你当然会选择前者,既然会成为英雄,有什么好担心的。"

具有辩证思维的人最显著的特点就是能够全面地认识问题,既能看到问题的有利方面,又能看到问题的不利方面。培养辩证思维能力,关键是要形成一分为二看问题的思维方式。好事能够想到不好的方面,不好的事又能够想到好的方面。顺境时不骄傲,逆境时不气馁,做到凡事多从自身找原因,多从联系的角度分析原因。具有辩证思维能力的人能够坦然地面对一切,积极地应对一切,乐观地接受一切。

(2)创新思维

所谓创新思维,是指开拓人类认识新领域、形成人类认识新成果的思维活动,其实质是对原有思维模式的超越。创新思维能力,就是超越陈规、开拓进取、善于探求事物发展难题的多种解决方法和途径的能力。

《钱学森谈科技创新人才的培养问题》记录了钱学森对"创新"的认识:我是在上个世纪30年代去美国的,开始在麻省理工学院学习。麻省理工学院在当时也算是鼎鼎大名了,但我觉得没什么,一年就把硕士学位拿下了,成绩还拔尖。其实这一年并没学到什么创新的东西,很一般化。后来我转到加州理工学院,一下子就感觉到它和麻省理工学院很不一样,创新的学风弥漫在整个校园,可以说,整个学校的一个精神就是创新。在这里,你必须想别人没有想到的东西,说别人没有说过的话。拔尖的人才很多,我得和他们竞赛,才能跑在前沿。这里的创新还不能是一般的,迈小步可不行,你很快就会被别人超过。你所想的、做的,要比别人高出一大截才行。那里的学术气氛非常浓厚,学术讨论会十分活跃,互相启发,互相促进。我记得在一次学术讨论会上,我的老师冯·卡门讲了一个非常好的学术思想,美国人叫"good idea",这在科学工作中是很重要的。有没有创新,首先就取决于你有没有一个"good idea"。所以马上就有人说:"卡门教授,你把这么好的思想都讲出来了,就不怕别人超过你?"卡门说:"我不怕,等他赶上我这个想法,我又跑到前面老远去了。"所以我到加州理工学院,一下子脑子就开了窍,以前从来没想到的事,这里全讲到了,讲的内容都是科学发展最前沿的东西,让我大开眼界。

什么是创新思维方式？通俗地说，就是"想别人没有想到的东西，说别人没有说过的话。"而且"创新还不能是一般的，迈小步可不行……要比别人高出一大截才行。"培养创新思维，首先，要做到独立思考，有自己的思想和见解，不能人云亦云。其次，要敢于异想天开，世上的很多事都是不怕做不到、就怕想不到，只要你敢想就能够实现。另外，还要学分放弃，并不是什么事情都要去坚持，如果方向不正确，或者"时运"不属于你，越坚持，越错，失去的就越多。

（3）合作思维

所谓合作思维，是指建立在开放、包容、共赢认识基础上的思维状态，它承认个人能力的局限性，理解团队协作的优越性，并且能够统揽全局，兼顾各方。培养合作思维要求开阔眼界、开阔思路、开阔胸襟。

最近，看了一部《社交网络》的电影，讲述了这样一个故事：2003年一个秋天的夜晚，哈佛大学学生、天才程序员马克·扎克伯格坐在电脑前，开始将自己的一个新点子付诸实践。一个全球性社交网络将他的宿舍中宣告诞生，并将很快掀起一场通讯革命。接下来的6年时间里，在爱德华多·萨维林、肖恩·帕克的协助下，这个网络已经拥有了超过5亿用户，这也马克成为了史上最年轻的亿万富翁，但在成功的同时，各种权益与司法斗争、人际关系的难题亦接踵而至。电影《社交网络》演绎的重点似乎在于马克与温克莱沃斯兄弟、爱德华多发生的纠纷上，但也充分诠释了一个人的成功离不开他人的帮助，且必须建立在团队成功的基础上。我印象最深的是马克在宿舍里分配股份的场景，是那么的轻松自如和顺其自然，没人疑义，也没人为股份的多少进行争论，大家都觉得理所当然。尽管后来还是因为利益发生了纠纷，但这并不违背当初合作共赢的思想：要获取别人的帮助和支持，理应让出一部分的利益。

提高合作思维能力，关键是要学分欣赏与分享。欣赏，是一种胸怀，一种雅量，能阅人，能容人，放大他人优点，缩小他人缺点。学会欣赏，就会明白每个人都是独立的、自由的，你不能将自己的思想强加于他人，必须尊重他人、换位思考。分享，是一种境界，一种胸襟，能舍得，不计较，给予他人实际上也是一种收获。学会分享，就会理解"助人者自助"的哲学真谛，从而营造有利于自身发展的和谐氛围。

辩证思维、创新思维、合作思维是一个有机的整体。辩证思维是基础，提高辩证思维能力，可以保证一个人前进方向的正确；创新思维是核心，提高创新思维能力，可以增强一个人前进的动力；合作思维是保障，提高合作思维能力，可以为一个人赢得良好的发展环境。一个方向正确、动力实足、众人给力的人，怎能不成功！

第三篇　事莫大乎无悔

　　荀子讲，"知莫大乎弃疑，行莫大乎无过，事莫大乎无悔"。这句话的意思是，智慧莫过于放弃疑虑，行为莫过于不出过错，做事莫过于没有后悔。所谓"莫大乎"，我的理解即"最高境界"，也就是说，智慧的最高境界是没有疑虑，行为的最高境界是没有过错，做事情的最高境界是不后悔。既然是"最高境界"，那就是一种近乎完美的状态，一方面是努力追求的目标，另一方面也是永远无法达到的阶段。

　　人欲望的无限性决定我们在思想上必然总有疑虑。心理学家马斯洛指出人的需要是分层次的，由低到高分为生存的需要、安全的需要、归属的需要、尊重的需要和自我实现的需要，低一层次需要实现后必然引起人们对更高层次需要的追求，直到达到自我实现。人的欲望是无限的，是永远无法满足的，当一个目标实现后，新的更高的目标又会被确立。生活中，我们往往会为一件想完成的事情忧虑，心想这件事能做成该多好、该多快乐，后来经过努力终于实现了，我们会感到很幸福，但这种幸福和快乐并不是永恒的，一段时间后就会消失，因为我们发现我们又有了新的目标和忧虑。我们的人生就是在这样一个又一个反复去实现愿望的过程中被谱写，人类社会也是在每一个人反复实现自己愿望的过程中得到发展进步。人的欲望是人类社会前进的动力，但同时也是一个人烦恼的根源。常言道：人生不如意事，十有八九。为什么不如意，因为有太多的欲望。常言又道：无欲则刚。为什么"刚"，因为没有欲望。但人不可能没有欲望，而且总会有一个又一个的愿望，为此，人们就会为实现各种欲望而思虑疑虑，真正达到"弃疑"的智慧境界就会变得非常困难。

　　人能力的局限性决定我们在行动上必然会出过错。能力是素质的外在表现。一个人能力的高低，根源在于素质上的差异，具体表现在对实际问题的解决上。在实际生活中，我们经常会发现，对于有的问题有的人能很好地解决，但有的人却不能很好地解决，依此我们可以判断有的人能力强，有的人能力弱。人与人能力上的差异和面对问题时信息上的不对称，造成所有人的能力都存在局限性，而这种局限性是结构性的，是个人永远无法突破的。一方面，人能力的局限性来源于人类社会的竞争性。由于资源相对于人们欲望的稀缺性，每一个人的成长过程中都会或多或少出现与他人竞争的情况，人与人能力上的差异必然造成有的人成功、有的人失败，且随着竞争越来越激烈，失败的就越多。比如，干部队伍的结构总是"宝塔型"的，越往"高处"走，位置越少，进步的空间越有限，每一个干部都可能会在职务进步上遇到"天花板"。另一方面，人能力的局限性来源于信息的不对称，我们做出的任何决策都是建立在我们所掌握的信息资源上，由于我们不能完全了解所面对问题的所有信息，这就造成我们的行动总会存在偏差，因此出错是在所难免的，除非你不做事，只要做事就有可能出错。这也就是生活中，我们经常发现干得越多的人，别人提的意见也越多。

人欲望的无限性和能力的局限性决定人要做到完全的"弃疑"和"无过"是不可能的，那么是不是因此我们也就做不到"无悔"呢？答案却是否定的。因为人欲望的无限性和能力的局限性是客观存在的，要做到"弃疑"和"无过"是不以个人意志为转移的，而"无悔"是一种主观态度、一种认识、一种心理状态，人们完全可以做到"事莫大乎无悔"。如何做到做事情不后悔，首先要了解做事情为什么会后悔。后悔往往伴随着不如意，当一个人的愿望不能实现时，就可能产生后悔的心理状态，进一步会产生抱怨、懊恼、沮丧、失望。人的愿望不能实现源于两方面原因：一是愿望太理想化，如镜花水月，根本无法实现；二是能力达不到，似乎可以做好，但实际上却不具备实现的能力。如果把欲望作为分母、能力作为分子，那么我们就构造了一个"能力-欲望"分子式，这个分子式大于等于1，人们就会感到满意，小于1就会感到不满意。为此，我们就应该努力提高自己的能力，想办法降低自己的欲望，这样才可以使自己保持在一种完满的状态。但是，由于欲望的无限性和能力的局限性，"能力—欲望"分子式大多数情况是小于1的，为了使它大于1，就有必要给它乘上一个系数，这个系数就是"胸怀"，具体表现就是"笑"。遇到不如意的事儿，还要笑，还能笑，可以体现出从容的气度，折射出快乐的心态，反映出广阔的胸襟。努力提高自己笑对挫折、笑对人生的境界，把所有经历当成人生旅途中的体验，做事情，努力了，尽力了，不管结果怎样，不去患得患失，这样就可以真正做到"事莫大乎无悔"。

第四篇　谋生型学者与哲学型学者

有这样一个故事：铁路工人迈克与他的工友们正在修建一条铁路。这时，一辆专列从他们旁边缓缓驶过并慢慢停了下来。一个深沉的声音从车厢中传了出来："迈克，是你吗？""对，是我，杰克。"然后迈克上了这辆专列，与铁路公司总裁杰克谈了一个小时。迈克回来后，他的工友一下就把他围住了，大家都很惊奇，自己身边的工友竟然认识公司的总裁。迈克告诉大家，十年前，他同杰克一起开始从事修铁路的工作，他们是非常好的朋友……这时，突然从人群中传出一个声音："为什么十年后他成为铁路总裁，而你还在这里修铁路呢？"迈克沉默了一会儿说："因为十年前我是为了每天1.5美元的工资而工作，而他是为了整条铁路而工作。"

1789年，著名诗人、学者席勒在耶拿大学就职演讲中首次提出了谋生型学者和哲学型学者的概念。所谓谋生型学者，指的是为了今后的职业而进入大学的学生，是为谋生而求学者；所谓哲学型学者，指的是为了理想而进入大学的学生，是为学术而求学者。以上面的故事为例，迈克就是一个谋生型学者，他的学习和工作只是为了谋生；而杰克则是一个哲学型学者，他的学习和工作是为了事业和理想。做同样的事情，只是因为态度不同，最后的结果却大相径庭。正如席勒所说，两类学者的区别，"不在于所从事的对象，而在于如何对待他所从事的对象"。具体来说，谋生型学者和哲学型学者对待事物态度的不同主要体现在三个方面。

（1）体现在对功利的态度不同

谋生型学者本身就是一个功利主义者，凡事都讲求利益和目的，有利益、有好处的事情就去做、就去争，没利益、没好处的事情就远离、就逃避，利益是他评判的最高标准，好处是他决策的根本依据。而哲学型学者是一个理想主义者，兴趣和爱好是他做事的基础，事业和价值是他追求的目标。哲学型学者并不是不考虑利益，而是把利益放在了第二位、理想的后面。哲学型学者超越了功利的观念，但结果却比功利主义者得到了更多的"功利"。就学习而言，谋生型学者学习的目的是得高分、适应职业的需要，他们会把谋生所需的知识与纯的知识严格区分开来，只关注前者，而且一旦认为能够胜任所求的职位，便停止了学习、抛弃了学问。但殊不知要成就大学问、大事业，是必须要超越功利的。一方面，知识是一个整体的概念，我们很难区分哪些知识是有用的，哪些知识是无用的，而且往往你觉得没用的知识最后却成为最有用的知识，所以现在特别强调通识教育，因为不知道哪些该学、哪些不该学，索性就把各方面知识最基础的部分都摆在那里，让学生自己在学习和接触中去选择和判断哪些更适合自己，然后再进行深入的学习。另一方面，成功的关键在于坚持。有一个"一万小时定律"，是说人在某一方面要想有所作为，需要坚持一万个小时，相当于每天练习近3个小时，坚持10年。也就是说，一个人只要坚持做某一方面的事情一万个小时，他就会成为这个方面的专家。如何才能具备坚持做一万个小时的毅力，不能靠功利，只能靠理想、靠兴趣。因此，哲学型学者依靠理想和兴趣持之以恒的学习后的收获必然比谋生型学者要多得多。

（2）体现在对财富的态度不同

谋生型学者只重视物质财富，金钱、职位、晋升是他们紧盯不放的东西，也是他们评判一个人成功与否的主要指标。而哲学型学者持有的是整体的财富观，他们不仅重视物质财富，更重视精神财富；不仅追求事业有成，更追求心灵完满；不仅要知道"是什么"，还要弄清楚"为什么"。正如竺可桢于1936年在担任浙江大学校长的就职典礼上所说："大学的目的，不在于使大学生能赚得面包，而在于使他们吃起面包来滋味特别好。"在这里，"赚得面包"就是谋生型学者的需要，而"吃起面包来滋味特别好"则是哲学型学者的需要。但是面包的滋味到底好不好吃，只有自己知道，且不同的人又有不同的评判。精神财富也是这样，它不同于物质财富，可以有一个统一的评判标准，精神财富的多少没有评判的标准且只有自己知道。这好比爬山，一方面"横看成岭侧成峰，远近高低各不同"，处于不同的阶段就会有不同的看法且总觉得自己是对的；另一方面"会当凌绝顶，一览众山小"，这种到达山顶后的感觉只有自己知道，处在半山腰的人是无法体会到的。因此，精神财富是分层次、分境界的，处于低层次、低境界的人是不会体会到高层次、高境界人的幸福。道家讲"愚民"，使老百姓"不争"、没有欲望，从而达到天下大治的目的，但这种大治是一种低层次的大治，人们可能会幸福，但这是低层次的幸福。禅宗讲"悟道"，到底有没有"得道"，也只有修行者自己知道。哲学型学者对精神财富的追求不是为了"让别人看"，而是为了自己精神的愉悦。因此，他们注重对学术本身的追求，志在促进知识的完善，只要他们所学的知识没有形成和谐的整体，只要他们没有进入科学殿堂的中心，其高尚的学术追求便不会停歇。

（3）体现在对人生的态度不同

大禹说："生者寄也，死者归也。"生是来体验的，死就是回去。体验什么？体验生活。人生几十年，从大地生，最后又回归大地，这几十年到底应该追求什么？谋生型学者的追求是个人的谋生，是个人生活的一个又一个的目标。有这样一个故事：一个小伙子和一个姑娘约会，结果这个小伙子早去了一个小时。在等那个姑娘的过程中，小伙子想，时间过得太慢了，要是能赶快过了这一个小时该多好。这时，出现了一个白胡子老头儿，给了他一个闹钟，并告诉他，只要他拨动时钟，时间就能很快过去。于是小伙子往前拨了一个小时，结果约会的姑娘马上就出现了。小伙子想，要是马上能结婚就好了，于是他又往前拨动了时钟，结果他与这个姑娘就结了婚。之后，他又想，要是有了孩子就好了，于是他又往前拨动时钟。就这样，他不停地往前拨，直到最后老了，快死了，他才发现自己这几十年还没有好好体验就这样度过了。于是他又想往回拨时钟，这时白胡子老头儿又出现了，他说："小伙子，我忘了告诉你，这个时钟只能往前拨，不能往后拨。"谋生型学者太注重自我和结果，往往容易忽视他人和过程，到头来才会发现自己的人生实际上是不完整的。而哲学型学者追求的是知识和学术，旨在通过学习和研究发现规律、追求真理，从而造福他人和社会。所以，哲学型学者更为超脱，他们"两耳不闻窗外事，一心只读圣贤书"，在探究学问的过程中，不断完善自我，为整个人类的精神财富添砖加瓦。

学术至上是大学区别于其他类型组织最根本的标志，研究知识、创新知识也是大学生区别于中学生、小学生最根本的标志。培养哲学型学者既是大学根本属性的要求，也是大学生自身成长和发展的需要。衷心地希望每一名同学都争做哲学型学者，使我们校园里的哲学型学者越来越多，谋生型学者越来越少。

第五篇　有意识的学习和无意识的学习

——联合国教科文组织研究表明：在18世纪时，知识更新周期为80~90年；19~20世纪初，知识更新周期缩短为30年；20世纪六七十年代，一般学科的知识更新周期为5~10年；上世纪八九十年代，许多学科的知识更新周期缩短为5年；进入新世纪，这一周期已缩短至2~3年。

联合国教科文组织出版的《学会生存》一书指出："未来的文盲，不是不识字的人，而是没有学会怎样学习的人。"

有人说，当今时代是一个比心智、比创造力的时代。在这个时代，力量的大力不在于脖子以下占身体部分90%的体力，而在脖子以上占身体部分10%的智力。

我们正处在一个学习的时代，通过学习掌握必要的知识变得越来越重要。但是，不知大家有没有发现，学习实际上分为有意识的学习和无意识的学习。

所谓有意识的学习，是指我们为了掌握某项技能或记住某些概念有针对性地去训练、识记的过程；而无意识的学习，是指我们在与他人交往和社会活动中，潜移默化地从他人身上和具体实践中获取知识的过程。有意识的学习，使我们得到了渊博的知识、掌握了专业的技能、具备了创造价值的能力；无意识的学习，则铸就了我们的性格、形成了我们的气质、使我们每一个人具备了不同于他们的特质。有意识的学习是显性的，是明确的，是看得见、摸得着的，而无意识的学习是隐性的，是模糊的，是不知不觉、润物无声的。譬如，我们上课学习专业知识就是一种有意识的学习，而在大学生活四年后所培养出的不同于刚入学时的那份"成熟"就是一种无意的学习。

现实中，我们往往重视有意识的学习，而忽略无意识的学习。因为我们常常认为，有意识的学习才是学习，但实际上，无意识的学习却更为重要。正如美国教育家杜威在他的名著《民主主义和教育》中所说的那样，"凡是我们不经研究或思考而视为当然的东西，正是决定我们有意识的思想和决定我们的结论的东西。那些不经思考的习惯，恰恰是我们在和别人日常交际的授受关系中形成的。"我们出生的家庭，成长的经历，包括我们所交往的每一个人，最终促使形成了目前的"我"。由于每一个人成长的环境不同，必然使这个"我"是唯一的"我"。但是，是不是环境相同了，就能产生多个的"我"？也不会。因为就算环境相同，但由于处在相同环境的人禀赋、悟性的差异所造成的对环境的反应、感知的不同，他们最终所形成的特质也必然是不同的。而每一个人对环境的反应、感知的能力就是一个人无意识学习的能力。有意识地提高无意识学习的能力，对于一个人的成长成才具有非常重要的意义。

如何提高无意识学习能力？一方面，无意识学习是由环境决定的，你所处的环境，从根本上决定着你的无意识学习。钱学森的伟大，尽管跟他的努力分不开，但根本在于他所成长的环境。他出生的家庭、接受的教育以及一点一滴的经历，最终决定了他的成就。因此，你所处的环境不同，必然决定着你的无意识学习的不同，这不是以个人的意志所改变的。但另一方面，无意识学习的能力是可以培养的。

（1）在"做"中培养

我们经常有这样的判断，当一个人感觉特别"别扭"、特别"难"的时候，往往是这个人进步最快的时候。之所以感觉"别扭"，是因为不适应；之所以不适应，是因为有欠缺。然后，经过努力慢慢适应了，这个人的欠缺也就弥补了，他的能力也就提高了。反之，当一个人感觉特别"舒服"、特别"顺"的时候，实际上也是停滞不前的时候。因此，要提高无意识学习能力，首先要多"做"，为自己创造多"做"的机会，在"做"中"学"。要多参加各种实践活动，因为实践是丰富阅历、提高能力的必经之路。要敢于面对困难和逆境，因为困难和逆境是发现不足、弥补欠缺的难觅捷径。

（2）在"悟"中培养

同一件事情，不同人有不同的认识，根本在于每个人在理性认识上的差异，具体表现在"悟性"的不同。同样的经历，有的人能够发现其中的规律，再有类似事情时，能举一反三、触类旁通；而有的人却只是停留在感性认识上，不能透过现象看本质、悟出其中的道理。因此，提高无意识学习能力，关键在于提高"悟性"，具体来说，就是要培养举一反三的贯通意识和剖析自我的反思精神。只有具备举一反三的贯通意识，才能掌握世界是普遍联系的认识工具，在千差万别的事物中发现其内在的规律，形成解决同类问题的能力。只有具备剖析自我的反思精神，才能树立"内因是根本、外因是条件，外因是通过内因起作用"的唯物辩证法的宇宙观，为自身的成长和提高注入取之不尽、用之不竭的内生性动力。

总之，既要重视有意识的学习，更要重视无意的学习，均衡搭配，才可无往而不胜。

第六篇 逃避的理由

一天，在接爱人回家的路上，她告诉我："我不想这么努力的学习了，我不能因为为准备这次考试而牺牲我与孩子在一起的时间，破坏我的幸福生活。"我知道，她最近被单位选上去参加一个比赛，如果成绩好的话，事业上可能会有更大的发展，为准备好比赛，她被封闭起来学习，而今天正好是我去接她回家看孩子的日子。她说刚才那句话时的表情和语气似乎是在宣讲一个亘古不变的真理，是那么的肯定和坚定，说完后，她如释重负，似乎高兴了起来。

　　在我们的人生道路上，这似乎是一个经常出现的场景，它就发生在我们身边，我们自己也时常成为其中的主角。面对一个需要攻克的困难或者一个不好解决地问题，我们时常选择的不是勇往直前、攻坚克难，而是避重就轻、另辟蹊径。说避重就轻，是因为我们往往不敢直面困难，更不敢与困难较量或者与困难稍一交手就败下阵来，于是我们选择了逃避。说另辟蹊径，是因为我们往往不认为我们的选择是一种逃避，而是换了个角度重新审视面对的困难，采取更"智慧"的方式绕开了这座挡在我们面前似乎难以逾越的大山，于是我们便为自己的逃避找到了一个冠冕堂皇的理由。

　　不是这样吗？开学初，面对一门又一门崭新的课程，我们踌躇满志，下定决心要刻苦学习、全面掌握，但是当我们深入接触新的课程且发现它很枯燥、很难懂时，我们不是开始"思想驰骋"，就是"书下聊天"，或者发短信、看小说……而且我们还会自我安慰，不是我不想学，实在是：课程太难了，根本学不会；老师水平太低，讲得太差了；这些东西不用现在费力学，考试前准备一周就行……上大学后，如何锻炼能力、提高素质是每一个大学生都经常思考的问题，我们要为未来的职场增加砝码、为未来的人生储备力量，为此我们加入学生会、加入社团，参加社会实践和社会兼职，组织参与各种校园和社会活动，但是当我们抱着"重塑自我"的目标做好锻炼提高自己的充分准备时，我们可能发现这个大学的"第二课堂"并不像想象的那样神秘和充实，这里充满了竞争和挑战，面对这些，我们不是选择积极的态度而是选择一种玩世不恭的态度：学生会是一个官僚机构，社团被无能力者把持，社会实践有名无实，创业活动不可能成功……日常生活中，同班的同学、同宿舍的密友就像部队里的战友一样，是四年大学后能积累下来的最宝贵的人脉财富，但是当我们在日常生活中出现一些非常正常的摩擦时，我们却很少从自身找原因，而把责任全部推到对方的身上。

　　当然，面对困难和问题，我们有各种各样逃避的理由，而在这些理由中有一个却是最能打动我们自己的，那就是，为了幸福。但是，仔细想来，我们真的幸福吗？面对学期末的考试，回想起上课时虚度的光阴，我们幸福吗？看着与自己交了同样多学费的同学有着更多的锻炼机会，一天天成熟起来，而自己却停滞不前，我们幸福吗？本能成为最亲密的挚友却因为一些多年后回忆起来不过是微不足道的小事而变成老死不相往来的陌生人或者是需要时刻戒备的对手，我们幸福吗？当然不会幸福。我们只不过是用当初自我安慰式的幸福掩盖了后来需要面对的苦涩，它给我们带来更多的是后悔。就像文章开头的那件事，与孩子在一起并不是逃避学习的理由，她完全可以把学习规划好，定好目标和任务，该学习的时候学习，该回家的时候回家，因为只有这样，当她面临最后的选拔时，无论成败与否，她才不会后悔。所以，我对她说："面对困难不能逃避，要勇敢面对；做事情尽力而为，要无怨无悔。"

第七篇　跌倒了，爬起来，走下去

　　青年时期是一个人最激情四射、最敢创敢拼、最富于浪漫情怀的时期，但同时也是一个人最易冲动、最不计后果、最容易犯错误的时期。这本身就符合辩证法，从一个方面看是优点，但从另一个方面看就成了缺点。但这更符合一个人的成长规律。规律是一种客观存在，我们不能改变它，只能去认识它、利用它。比如人们经常说："以史为鉴，可以知兴替；以人为鉴，可以明得失。"尽管读史可以使人明智，但我们会发现，历史最终还是在一次又一次的重演，因为对历史的认识离不开实践，而实践后又上演了重复的历史。人的成长也是这样，别人成功的经验和失败的教训尽管可以给我们以借鉴，但是，如果我们不去亲自实践和亲身体验，就不会真正理解其中的奥秘。因此，青年时期的生理、心理特点，决定了这一时期是一个人容易犯错误的时期，这是符合人的成长规律的。既然犯错误在所难免，如何面对已犯的错误是每一个青年学生必须认真思考并要思考清楚的问题。

　　面对已犯的错误要有敢于担当的勇气。其实，犯错误不可怕，可怕的是逃避、是不敢面对。就像我在《逃避的理由》里所说的面对困难不能逃避一样，面对错误更不能逃避，因为错误是因你的行为而产生的，你有责任、更有义务去面对、去解决。最近，北大校长周其凤对北大新生讲，要学会"担当"，培养"士以天下为己任"的使命感、抱负和情怀。的确，一个想成就大事的人，首先是一个有担当责任心的人。这种责任心，从大处讲是将自己的发展与社会进步、民族发展联系在一起的爱国精神；从小处讲是一种遇事不折不挠、意志坚韧的精神。实际上，年轻人犯错误总会赢得社会和周围人的理解和宽容，因为每一个人都年轻过、都经历过激情燃烧的岁月，但如果犯错误的年轻人没有勇于担当的勇气、没有对自己所犯错误的深刻认识，他就会失去人们的理解和宽容，失去本能得到的他人的帮助，更失去了做人的底线。因此，无论是解决已经出现的问题，还是实现更大的人生价值，都需要我们具备敢于担当的勇气和责任心。

　　面对已犯的错误要有沉着应对的智慧。有人说，危机是违背客观规律的必然结果，同时也是认识客观规律的重要机遇，许多在常态中难以表现出来的问题在危机下往往会暴露得更加充分和彻底，如果具有反思精神和纠错能力，危机就可能成为

附录　155

更加深刻地认识规律、更加自觉地按规律办事的契机和转折，未来的发展就会更加科学和健康，坏事就会变成好事。人一生中所犯的一个又一个错误，其实就是需要去面对的一个又一个危机，处理好了，坏事就会变成好事。我们要把处理危机的过程作为查找发现在常态下难以暴露出来的问题的过程，作为认识规律、按规律办事的过程，更要作为提高自身能力素质的过程。这一过程能否顺利实现，关键在于我们有没有解决问题的"智慧"。要冷静地看待已犯的错误，要对已犯的错误进行客观地分析，要制定补救的各种可行的方案，要对这些方案进行比较选择，要积极地去实施，实施过程中要及时发现可能出现问题并进一步改进……最终还要进行反思，积淀成长的珍贵经验。

记得我上大学时也犯过很多错误，其中对自己打击最大的一次是，本应搞好的一次活动却因自己的失误被搞得一塌糊涂，现在看来不是什么大事，但当时对我来说却是天大的事，因为这件事极大地打击了我的自信心。一时间，整个人变的颓废了。迷茫中，无意中发现的一句话打动了我，"闪亮的人生只有九个字：跌倒了，爬起来，走下去。"特别是当我看到"走下去"三个字时，整个人一下子被点醒了：人一生中怎能不犯错误，犯错误就是跌倒了；跌倒了怎么办，要爬起来，爬起来就需要有敢于担当的勇气；但爬起来还不够，关键是要走下去，如何走下去，还需要有沉着应对的智慧。

衷心地希望每一个跌倒的青年人都能爬起来，走下去。

第八篇　与精品志愿服务活动谈场恋爱

思想家罗素曾说："对自由的渴望、对爱情的追求、对人类苦难不可遏制的同情心，是支配我一生的三大感情！"面对有困难的人伸出援助之手是人的天性之一。助人的目的不仅是使受助者渡过难关，也会使助人者得到心灵上的慰藉和满足。我们常说的，"送人玫瑰，留有余香"，说的就是这个意思。

青年是最富热情的群体，也是最易表达自己情感的群体。这一特性，使青年往往走在时代的前列。任何一种思潮，经常在青年群体中最先被讨论和传播；任何一种情感，经常在青年群体中最先被认可和实践。以"奉献、友爱、互助、进步"为核心的志愿者精神得到青年的认可也说明了这一点。我们不仅较早地成立了由青年人组成的中国青年志愿者协会，而且青年人在我国整个志愿者事业发展中也发挥着不可替代的作用。

从近些年的实践中可以看到，志愿服务活动越来越多地得到广大大学生的青睐。继学生会、社团联合会后，青年志愿者协作已成为高校学生组织中的第三种力量，越来越多的学生加入志愿服务活动当中。这不仅是人的天性使然,也是青年群体特性的体现。面对青年志愿服务活动的热潮,如何使青年志愿服务活动更有意义、更具效果,成为教育工作者需要思考的问题。具体来说,我有以下三方面思考。

(1)志愿者工作必须与青年成长成才相结合

青年代表未来,青年工作的根本在于育人、在于促进青年成长成才。因此,开展志愿服务活动不能为了志愿服务而志愿服务,而是要通过志愿服务使青年有成长、有收获。要注重引导学生参加各类大型志愿服务活动。大型志愿服务活动是开阔学生视野、提升学生见识的重要平台,对于学生综合素质的提高具有重要意义。如果一名青年学生能参加奥运会的志愿服务,这不仅会成为他一生的美好回忆,而且这种经历对他的成长也会发挥积极作用。要注重对参加志愿服务活动学生的培训。做好志愿服务,不仅需要热情,还要有做好这项工作的能力,这就需要通过培训使学生具备相应的知识和技能,并在志愿服务实践中不断巩固和升华,最终内化为一种可以迁移的素质和能力。

(2)志愿者工作必须与研究和专业相结合

大学生开展志愿服务活动应不同于中学生、小学生,必须要有研究和专业的视角。所谓研究的视角,就是志愿服务要与社会观察、社会调查结合起来。学生在开展志愿服务时要有问题意识、有研究意识,要结合志愿服务活动开展调查研究。通过调查研究,不仅可以解决一些问题,而且对于提高志愿者的思维能力、表达能力都具有重要意义。所谓专业的视角,就是志愿服务要与所学的专业知识相结合,特别是利用专业特长开展志愿服务活动,这不仅可以使志愿服务更有特色、更具效果,而且对于促进学生专业的学习也会发挥重要作用。

(3)志愿者工作必须与科学的服务保障机制相结合

青年参与志愿服务活动是一种天性、一种本能,并不是为了回报。但作为组织者,必须要考虑志愿者参与志愿服务活动的回报。这种回报不应是物质上的,而应是精神上的。因此,要做好志愿服务活动的服务保障工作,最根本的就是要建立学生参与志愿服务活动的认可机制。为此,应该对学生参与志愿服务活动进行记录,使学生毕业后不仅有一份课程的成绩单,还有一份志愿服务的成绩单。

第九篇 平衡的心态最重要

最近,去了一趟青海玉树。看到了如火如荼的灾后重建和"天苍苍,野茫茫,风吹草低见牛羊"的大草原。在赞叹这方神奇热土的同时,也使我深深感受到了地区的差异和这里的落后,以及因落后带来的民族情绪。在与曾在石家庄求过学的藏族学生座谈时，社会不公平是他们的普遍共识。一个学生说，"以前只是在电视上看到，而到了石家庄使我更为深刻地感受到——社会不公平。为什么石家庄那么发达，连乞丐都没有，而我们这里这么落后。"使他们产生这样想法的原因有我们实际操作的问题：因为他们那里受了灾、他们是少数民族，他们来到我们这里后，我们就特别希望去关心他们，尽可能地提供物质条件、尽可能地对他们好；他们在石家庄看到和感受到的都是好的方面；石家庄不是没有乞丐，只是没有让他们看到而已。但他们之所以感到不公平的深层次原因还是在于他们那里经济的落后，即区域发展不平衡。尽管造成这种不平衡有很多原因，但由于民族观念的存在，少数民族群体往往把这种不平衡最终都归结于民族统治，并上升为一种民族情绪，这种民族情绪不断积攒、发酵，随时有可能爆发。这次调研使我现在特别理解国家的少数民族政策，必须加大对少数民族地区的扶持力度，让少数民族地区富起来，使他们的经济发展与内地持平，这样才能真正解决民族问题。

实际上，关于"不公平感"何止只是玉树学生的感受，生活在内地包括发达地区的人也都有这样的感受，而且随着时间的推移，有这种感受的人越来越多，感受得也越来越深。一位北大教授曾指出，改革开放三十年，中国发生了巨大变化，人民生活水平普遍提高，但有一个非常突出的问题，就是现在人们的"怨气"越来越多。我想，这位教授所说的"怨气"就是"不公平感"。为什么会有这种"不公平感"呢？原因也是在于发展的不平衡，只不过这种不平衡不是区域间的不平衡，而是人与人之间的不平衡，包括贫富差距和社会分层。

不平衡是一种现实存在，也是历史发展的结果。改变发展不平衡是我们孜孜以求的目标，但解决不平衡问题并不是一朝一夕的事。因此，如何看待和理解当前存在的种种不平衡，对于我们能否快乐自在的生活至关重要。

（1）平衡不是平均

人们往往有一种理解上的误区，认为平衡就是平均。每个地区、每个人都一样了，就平衡了；有了差异就是不平衡。但现实世界告诉我们，绝对的平均是不可能的，也是非常有害的。人类社会不断进步的根本动力在于欲望的无限性和资源的有限性。在满足欲望的过程中，社会得到了发展；在争夺资源的进程中，人类自身取得了进步。如果采取平均主义，资源分配与个人努力无关，人类社会将失去前进的动力。历史经验告诉我们，平均主义发展的最终结果是扼杀了人们奋斗的积极性，"鼓励"和"发展"了懒惰。平衡不是平均，平衡是在鼓励公平竞争的基础上的共同发展。我们支持因个人努力和能力不同造成的发展差异，反对因家庭背景、社会关系等不正当因素造成的发展不平衡。因此，我们要学会区分哪些是个人努力造成的不平衡，哪些是不公平造成的不平衡，而不能武断地否定所有的不平衡。

（2）不平衡是历史积淀的结果

尽管我们反对因家庭背景、社会关系等不正当因素造成的发展不平衡，但是如果我们把这些不公平因素的产生放到历史长河中去看的话，这些不公平因素也是公平竞争的结果。这好比接力赛跑，尽管第四棒很努力，但由于前三棒跑得慢，第四棒最终还是落后于对手。家庭作为人类文明进步的重要标志，在不经意间完成了财富在代际间的传递，第一代人通过努力创造的财富被传递到第二代人，随着这种代际传递不断扩大，人们的不公平感也变得越来越强烈。柏拉图正是看到了家庭传递财富所带来的社会不公平，才提出要建立一个打破家庭概念的"理想国"。在这个"理想国"里，每个人生下来后都交由社会抚养，孩子都不知道自己的父母是谁，父母也不知道哪个是自己的孩子，这就从根本上杜绝了财富的代际传递。但现实生活中我们无法建立柏拉图式的"理想国"，我们还需要用家庭来维系整个社会。不过，我们也不能任由这种代际传递无限制的发展，这就需要政府从制度上进行设计，掌握好一个"度"，使财富的代际传递保持在合理范围内，避免两极分化。

（3）平衡的心态最重要

面对实际存在的不平衡，关键要有平衡的心态。一方面要培养辩证思维，掌握客观、联系、全面看问题的思维方式，在发展好时能看到不好的方面，在发展不好时能看到好的方面。就像老子所说，"祸兮福之所倚，福兮祸之所伏"，灾难中蕴含着积极的因素，福禄中存在着衰败的苗头。面对种种不公平现象，需要客观看待，学会从历史的角度审视，努力做到宠辱不惊、心态平和。另一方面要学会放下。一切痛苦皆源于执着，执着于"为什么"，纠结于"怎么办"。现实生活中的许多事情不是个人可以左右的，许多问题也不是个人努力就可以解决的，如果执着于这些事情和问题，只能给自己增添烦恼。很多不公平现象、不平衡问题都有着多方面原因，并不是一个人或是短时间可以改变和解决的，在学会客观面对这些现象和问题时，还要培养自己能够"放下"的心胸，不困惑于无法解决的问题，不纠结于已经存在的现实，努力做到乐观豁达、笑看人生。

认识到不平衡现象存在的合理因素，掌握了心态平衡维系的基本方法，也就拿到了开启幸福自在人生的金钥匙。

第十篇　社会需要正能量

有一次，参加一个选秀节目的录制，宏大的场面、绚丽的舞台、权威的点评让人叹为观止，特别是表演的节目，可心说，都是精挑细选的，选手们大多都身怀绝技，他们轮番上阵，一个比一个演的认真、演的精彩。但在这之中却有这样一个节目。

一个打扮成"许文强"的人上台后，自我陶醉式地演唱《上海滩》的主题曲，可一开口就跑调，而且他似乎并没有察觉到，还自顾自地唱着。评委实在忍无可忍，打断了他的表演，并礼节性地询问，还有没有别的才艺，如果没有可以下场。他说："我还会跳舞。"便开始跳街舞。可他的街舞既不标准，又没有动感，甚至根本就没在节拍上。评委已经有点生气了，略带愠怒地又一次制止了他，想让他下台。可没想到他还是不走，非要朗诵自己创作的一首诗，但等他朗诵完后，评委已经愤怒了，因为这根本就不是他创作的，而是抄袭别人的作品。最终，他被工作人员带下了台。

当他唱歌跑调时，我一直在想，这一定是故弄玄虚，因为这样一个高档、严肃的节目，不应该出现这样的情况，他一会儿的节目一定会很精彩。可当这个人被带下台后，我才意识到，他真的不是来表演节目的，而是上演了不合时宜的"闹剧"。我感觉很好笑，这样一个节目怎么能来参选，这样的表演本身就是对评委和观众的不尊重，而且表演者言语中还有些不礼貌。我看了看周围其他的观众，他们也很气愤，窃窃私语中也表达着对这个表演者的不满。这时，坐我后面的一位同学说了一句话，一下子引起我的注意。

他说："尽管这个人的表演不合时宜，但我们应该钦佩他内心的强大！"什么是"内心的强大"，就是那位选手，不顾评委的打断和质询，坚持在舞台上表演；不在乎观众的疑惑和不屑，而进行的"自我陶醉"。这个学生的一句"内心的强大"引起了我对价值观的思考。

当今的中国真是一个开放的中国，这种开放不仅体现在经济上的开放，还体现在文化上的开放。伴随着先进技术、管理以及大量资金的涌入，西方的思想也进来了，传统的完全的封闭的一元化思想受到了各种社会思潮的冲击，人们的观念、思想、对问题的认识越来越多元。面对同一事件的反应，不再会是一边倒的"一个声音"，而是出现越来越多的"不同声音"。应该说，这是一种进步。这种进步的直接结果就是我国创新能力的提升，创新的源泉就在于不同思想、不同观念的碰撞。但这种"进步"也带来了一些负面问题，那就是人们有时面对一件事情似乎失去了评判对错的能力。从一方面看这件事是对的，从另一方面看这件事似乎又是不对的；从一些人的角度看，这件事是需要大力拥护的，而从另一些人的角度看，这件事是必须要坚决反对的。

为什么会这样？因为多元的思想文化在学术领域的活跃带来的是科学技术上的创新，而在价值观领域的泛滥则带来的是思想上的"混乱"。这就好比一把利剑，用对了地方，它可以披荆斩棘；用错了地方，它会成为杀人的工具。因此，我们提倡思想文化的多元化发展是有选择的、有底线的。学术领域要倡导"百花齐放""百家争鸣"；意识形态领域则需要一元指导，有统一的评判是非曲直的价值标准。因为只有这样，才能最大限度集合全民族的力量，从而实现民族的振兴和国家的富强。而这一统一的评判是非曲直的价值标准应该就是"正能量"。

近年来，我们一直强调大学生批判精神的养成，因为批判精神是创新的源泉。但价值观方面的批判精神应该是建立在"正能量"之上的，也就是说，我们鼓励批判，但这种批判应该是积极的、向上的，是有利于解决问题、使我们的世界变得越来越好的。同时，我们也鼓励培养大学生的辩证思维，因为辩证思维是心理健康的源泉，是思想成熟的标志，但辩证思维也应该是以"正能量"为基础的。正如前面所提到的那位非常具有辩证思维的同学，他看到了其他人没有看到的一面，但这一面并不是"正能量"，那位表演者所体现的不是"内心的强大"，而是一种"玩世不恭"的态度。

当今社会太需要"正能量"了。因为只有在以"正能量"为主导的社会里，才可以使想干事的人能干事，使干了事的人不寒心。让我们更加积极向上地看待我们周围的人和事台，因为我们积极向上的态度就是我们社会所需要的"正能量"。

第十一篇　如何增强思想上的免疫力

免疫力是一个医学用语，主要指人身体抵御外界病毒、细菌等异物侵害的能力。一个人免疫力越强，这个人得病的机会就越小。提高人的免疫力，一方面可以通过改善营养、体质、心理来实现，另一方面也需要在与外界异物侵害地对抗中得到锻炼加强。可以说，我们现在拥有的免疫力，是整个人类数百万年来在与各种侵害物的斗争过程中积极因素不断积累、自身机体不断改进的结果。也就是说，正是因为有了各类异物的不断侵害，才促使了我们免疫系统的持续发展。

最近，参加了一个活动，又引起了我对如何提高免疫力问题的思考，但不是提高身体上免疫力，而是提高思想上的免疫力。这是一个创业宣讲活动，活动组织方请来了"优秀"的创业导师，我作为嘉宾参加了这次活动。本想利用这个机会更深入地了解一下创业，但这位"导师"的宣讲却使我"大跌眼镜"，一时间使我感到好像陷入了"传销组织"。他首先把自己包装成为一名成功人士，之后其演讲的逻辑就是"因为我成功了，所以我讲的都是对的！"他的演讲很具有煽动性，但却充斥着知识无用论、金钱至上论、仇富仇官论的错误思想。我不知道台下听讲的学生是否能够分辨，但确实看到一些学生似乎很乐意与他进行互动。后来，我实在坐不住了，就离开了会场。

在回办公室的路上，我一直在想，真不应该让这样的演讲进入校园，今后一定要严格把关，不能让这些人披着"创业"的外衣宣传错误的思想。但一些学生的表现又使我很困惑：是不是因为我们一直不让他们接触到像这样的讲座，所以才使他们猛一接触而觉得很新鲜、很有趣、很有理。

我们不得不反思我们的教育工作。由于害怕学生被错误的思想影响，我们不让学生接触到错误的思想，我们告诉学生的全是美好的事情。但当学生真正步入社会后，他们会发现这个社会并不像想象中的那么美好，但由于他们没有这方面的思想准备，很容易上当受骗。一些大学生之所以误入传销组织，甚至一些学生被解救后都不认为自己正在从事的是传销活动，根本原因就在于他们太单纯，没有思想上的免疫力。

正如提高身体免疫力，一方面需要增强体质，另一方面需要经历与侵害物的对抗锻炼一样；提高思想上的免疫力，在帮助学生树立正确的人生观、世界观、价值观同时，也要让学生能够接触到一些错误的观点，不要害怕这些错误观点会把学生带坏，只要引导方法正确，学生抵御的能力反而会不断增强。正如上述创业宣讲活动，虽然那位"导师"传递了许多错误信息，但因为最后有学校老师的总结发言，降低了错误思想的传播风险，使学生能够更加辩证、更加客观的看待他的宣讲内容。

后记

本书是在我的博士学位论文基础上修改而成的。

喜悦、快乐、幸福是每一个人渴望、喜爱、追求的情感，但是喜悦、快乐、幸福的情感总是那么短暂。我们都有这样的感受，无论遇到多么让人高兴的事情，那种快乐的感觉总是按照抛物线的轨迹发展：刚开始特别快乐，然后这种快乐的感觉会一点点降低直到消失或维持在一个比较低的水平。接下来，我们会继续努力，争取下一次这样的体验。对于我来说，从出生到现在也一直在不断经历着这样一种情感体验的历程，可以说，遇到了许多让自己喜悦、快乐、幸福的事情。但在众多事情中，使我获得喜悦、快乐、幸福这种情感持续时间最长的事情是被北京大学录取为一名博士研究生。记得当得知被北京大学教育学院录取时，我整个人都要蹦了起来，第一时间通知家人，全家人围在一起实现。可以说，每一个中国人都有一个北大或清华梦，而且对于大多数人来说，这可能永远只是一个梦想。而我这样一个资质并不突出的人竟然实现了这个梦想。

几年来北大的学习不但圆了我的梦想，更使我得到不断提升。一是在独立思考方面得到了提升。对北大文化感受最深的就是既兼容并包又敢于质疑，这从每一位上课老师的身上都能体现出来。通过课程的学习、课下的讨论以及学院组织的各种活动，我的独立思考能力也得到了不断提升，并不是人云亦云，凡事都会多问几个为什么，辩证思维、创新思维的模式也得到了不断强化。二是在对教育的理解方面得到了提升。到北大求学之前，做高校共青团工作的经历使我认为通过"第二课堂"能够解决学生教育的一切问题。但是，到北大教育学院学习后，使我对"教育"的本质和内涵有了更深刻的理解：教学和教师是教育最本质最核心的元素，大学育人质量的提升根本在于教学和教师。三是在学术研究能力方面得到了提升。不仅学习到了众多理论知识，也掌握了一些规范的研究方法特别是计量经济学的研究方法，能够熟练使用SPSS，会用EVIEW分析面板数据，等等。尽管这些提升还比较初级，但相对于我原来的基础来说，自我感觉是得到了非常大的提高了。而这些提升，最根本的原因是我有机会到北大求学，遇到了这么多好老师。

感谢我的导师丁小浩老师。丁老师是一位既和蔼可亲，又要求严格的老师，更是一位学术造诣高超、治学严谨、对研究方向把握准确、指导论文高效的非常好非常好的导师。记得第一次去找丁老师讨论选题，丁老师耐心地帮我进行梳理和聚焦，鼓励我结合实际工作开展研究，并最终确定了围绕大学生演讲能力方面的选题，可以说，正是在丁老师的帮助的引导下，使我比较快地确定了选题，投入到论文的研究和写作之中。在这之后，每隔一段时间，我都会约丁老师去讨论论文，从开题到预答辩再到正式答辩前，每次去找丁老师都非常有收获，她每次都能指出我论文的关键问题，每次又都能针对问题为我指明努力的方向。在论文成稿前，针对我在数据处理方面能力欠缺的问题，丁老师还专门安排在数据处理方面非常专业的吕伟聪同学给我做指导，帮助我解决了许多疑惑，使我比较顺利地完成了一个又一个环节。尽管我的论文完成的并不快，但完成过程是一个非常快乐的过程，是一个非常非常有收获的过程。

感谢所有为我授课的北大教育学院的老师们以及给予我悉心指导的校内外老师们。在北大特别是在北大教育学院听课的过程是一个非常快乐的过程，也是一个非常受激励的过程。当听到老师们讲到一本又一本名著时，学习的动力油然而生，读书的冲动不可遏制。在这里，我要感谢给我授过课的文东茅、陈晓宇、李文利、陈洪捷、蔡磊砢、展立新、林小英、刘云杉、蒋凯、沈文钦、马万华、陈向明、卢晓东、郭建如、岳昌君、汪琼、郭文革、尚俊杰、贾积有、赵国栋、吴峰、阎维文等老师，感谢对我论文给予帮助指导的丁延庆、马莉萍、杨钋、鲍威、阎凤桥、朱红等老师，感谢求学期间侯华伟、徐未欣老师的精心组织和耐心指导。同时，要感谢我的校外导师李强老师，经常过问我的论文进展，指导我进行实践研究，不断提升论文质量。

感谢我的同学。大家在北大一起听课、一起讨论、一起参加活动，大家不仅一起度过了一生中非常美好的时光，而且共同构建了一段非常美好的回忆，也建立了一份非常诚挚的友谊。感谢你们：匡校震、刘宏、刘丽彬、刘玮、生玉海、王宏宇、张莉娟、高国元、高喜军、郭彪、黄琳、解晓静、匡建江、雷晓锋、刘洪沛、刘丽妹、王珂、王艳、吴晓兵、谢佳宏、姚晓峰、于海棠、张瑞雅。愿我们的友谊天长地久！

感谢工作单位的领导和同事，使我有机会能在工作之余完成学业，并经常给我鼓励和支持！特别要感谢薛会来、李玲玲、史捷龙等老师和学生在准实验研究中给予的帮助，没有你们的付出我不可能比较顺利地完成这个实验。

感谢我的家人。感谢我的爱人王晓甜，为了使我能早日完成学业，承担了许多照顾家庭的重任，也牺牲了许多本该全家一起出游的机会，给予我默默地支持，鼓励我一步一步前进。感谢我们双方的父母，你们是我们最坚强的后盾，帮我们带孩子，给我们答疑解惑，是我们永远的依靠和港湾。感谢我的两个孩子，你们是我们的骄傲和希望。感谢所有亲朋好友，谢谢你们！

衷心感谢中国纺织出版社有限公司艺术与科学图书项目部的华长印主任、阚媛媛编辑以及在本书出版过程中有关人员付出的艰辛而细致的劳动！

孙贺

2020年5月